# LA LÉGISLATION

### SUR LE

# TRAVAIL INDUSTRIEL

## DES FEMMES ET DES ENFANTS

## THÈSE POUR LE DOCTORAT

PAR

### César CAIRE

AVOCAT A LA COUR D'APPEL DE PARIS

# PARIS

LIBRAIRIE NOUVELLE DE DROIT ET DE JURISPRUDENCE

## ARTHUR ROUSSEAU

ÉDITEUR

14, RUE SOUFFLOT ET RUE TOULLIER, 13

1896

# THÈSE

## POUR LE DOCTORAT

# FACULTÉ DE DROIT DE CAEN

**Année scolaire 1895-1896.**

### DOYEN :

M. Edmond Villey (✳, I. 🎗), correspondant de l'Institut.
Membre du Conseil supérieur de l'Instruction publique.

### PROFESSEURS :

MM. Carel (✳, I. 🎗, C. ✠), professeur de *Code civil*.

Toutain (✳, I. 🎗), professeur de *Droit administratif*.

Danjon (I. 🎗), professeur de *Droit commercial* et de *Droit maritime*.

Edmond Villey (✳, I. 🎗), professeur d'*Economie politique* et de *Législation financière*.

Laisné des Hayes (O, A. 🎗), professeur de *Droit romain*.

Guillouard (I. 🎗, C. ✠), professeur de *Code civil*.

Lebret (I. 🎗), professeur de *Code civil* (élu député du Calvados).

Cabouat (I. 🎗), professeur de *Procédure civile*, chargé des cours de *Droit international public* et *privé*, et de *Législation industrielle*.

Gauckler (I. 🎗), professeur de *Droit romain*, chargé du cours d'*Histoire du Droit public français* (Doctorat).

Marie (I. 🎗), assesseur du doyen, professeur de *Droit criminel*, et chargé du cours d'*Éléments du Droit constitutionnel*.

### AGRÉGÉS :

MM. Ambroise Colin (A. 🎗), chargé d'un cours de *Code civil*, en remplacement de M. Lebret, et du cours de *Droit constitutionnel comparé* (Doctorat).

Biville, chargé des cours de *Procédure civile* et de *Voies d'exécution*.

Grandmoulin, chargé du cours d'*Histoire des Doctrines économiques* et du cours d'*Economie politique* (Doctorat).

Bouvier, docteur en droit, chargé de cours, *Histoire du Droit* (Licence et Doctorat).

### SECRÉTAIRE :

M. Gillet (I. 🎗), secrétaire du Conseil général et du Corps des Facultés de Caen.

### JURY D'EXAMEN :

MM. Carel, professeur, président de la thèse.

Cabouat, professeur.

Grandmoulin, agrégé.

# LA LÉGISLATION

## SUR LE

# TRAVAIL INDUSTRIEL

## DES FEMMES ET DES ENFANTS

## THÈSE POUR LE DOCTORAT

L'ACTE PUBLIC SUR LES MATIÈRES CI-APRÈS

*Sera soutenu, dans la salle des Actes de la Faculté, le vendredi 19 juin 1896, à 3 heures*

PAR

### César CAIRE

AVOCAT A LA COUR D'APPEL DE PARIS

PARIS

LIBRAIRIE NOUVELLE DE DROIT ET DE JURISPRUDENCE

### ARTHUR ROUSSEAU

ÉDITEUR

14, RUE SOUFFLOT ET RUE TOULLIER, 13

1896

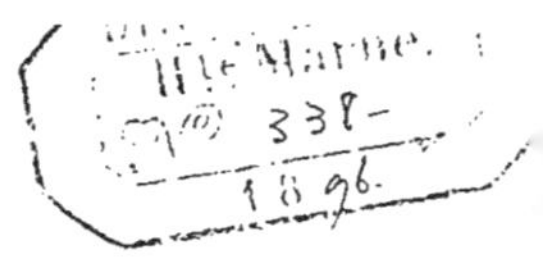


LA

# LÉGISLATION SUR LE TRAVAIL INDUSTRIEL

## DES FEMMES ET DES ENFANTS

---

## INTRODUCTION

### LE PRINCIPE DE L'INTERVENTION DE L'ÉTAT.

La question de l'intervention des pouvoirs publics dans la réglementation du travail industriel est l'une des questions les plus délicates et les plus graves qui sollicitent, aujourd'hui, l'attention des économistes, des jurisconsultes et des législateurs.

Ceux qui voient dans l'État une sorte de Providence chargée d'intervenir dans tous les débats et de régler tous les conflits, professent *a priori* que la liberté est essentiellement impuissante à accomplir certaines réformes sociales que tout le monde désire, à faire cesser certains abus que chacun réprouve, et que l'État seul peut faire disparaître ces abus et accomplir ces réformes. Ils ne se demandent pas si l'État puise dans la raison de son existence le droit de cette omnipotente inter-

vention. Ils ne cherchent pas à savoir si l'action de l'É-
tat n'est pas nettement subordonnée aux devoirs de sa
fonction originelle. Ils laissent à d'autres le soin de se
préoccuper « de la philosophie du Droit ». Pour eux,
l'intervention de l'État est toujours nécessaire et c'est
la nécessité de cette intervention qui en fait, à leurs
yeux, la légitimité.

Si ce système a le mérite de la netteté, il n'a du moins
que ce mérite, car il serait fort difficile à ses partisans
de démontrer que la liberté ne peut rien par elle-même
et que l'État peut tout sans elle.

Ce système de l'intervention absolue de l'État est un
grand péril, dans un pays comme le nôtre où la centralisation excessive est une gêne pour la vie économique
comme pour la vie sociale de la nation, où l'État se mêle
abusivement d'une quantité de questions dont il lui est
interdit de connaître. Il ne tendrait à rien plus qu'à dé-
truire toutes les initiatives, à ruiner toutes les énergies.

C'est proprement la théorie du socialisme d'État, car
la thèse de l'État-Providence est une thèse socialiste.

Le jour où l'État se substituerait à l'individu, c'en
serait fait de la responsabilité individuelle.

Faute de délimiter avec netteté les attributions de
l'État, de préciser sa fonction, de déterminer son rôle,
d'éminents esprits ont commis, sans s'en rendre compte,
les erreurs les plus manifestes.

C'est ainsi que Montesquieu faisait du socialisme
d'État, lorsqu'il écrivait dans l'*Esprit des lois* : « L'É-

tat doit à tous les citoyens une subsistance assurée, un vêtement convenable et un genre de vie qui ne soit pas contraire à la santé » (1).

Et quelques années plus tard, dans son rapport sur le décret du 14 juin 1791 qui anéantissait la liberté d'association, Chapelier ne faisait que répéter la pensée de Montesquieu, quand il disait :

« C'est à la Nation à donner du travail à ceux qui en ont besoin pour leur existence et des secours aux infirmes ».

C'était proclamer, cinquante ans avant la Révolution de 1848, la théorie du droit au travail qui devait entraîner la création des ateliers nationaux.

Une telle erreur porte en elle de si réels dangers que certains économistes n'ont pas trouvé pour la combattre de meilleur et de plus sûr moyen que d'opposer à l'omnipotence de l'Etat la toute puissance de la liberté.

Certes nous aimons trop la liberté pour douter de sa force vivifiante, mais notre amour pour elle ne nous égare pas au point de méconnaître son rôle et de lui prêter une puissance qui ne lui appartient pas. C'est un péril que n'ont pas su toujours éviter ceux qui l'aiment le plus ardemment. De ce nombre fut Frédéric Bastiat qui terminait ainsi la préface de son admirable livre *Harmonies économiques* : « Ah ! si jamais vous prononcez cette parole : je crois, vous serez ardents à la propager et le

_____________

(1) Montesquieu, *Esprit des lois*, livre 23, chap. 29.

problème social sera bientôt résolu, car il est, quoi qu'on dise, facile à résoudre. Les intérêts sont harmoniques ; donc la solution est tout entière dans ce mot : Liberté ».

Non, malheureusement, le problème social n'est pas aussi facile à résoudre, et quelque harmoniques que soient ou plutôt que devraient être les intérêts, la solution n'est pas tout entière dans le mot : Liberté.

En principe, la liberté devrait suffire peut-être, en fait, elle ne suffit pas ; elle peut beaucoup, elle ne peut pas tout. Dans certains cas, elle demeure impuissante.

Et cela est si évident que pas une seule école aujourd'hui, pas même l'école du libéralisme économique ou école utilitaire, n'entend par liberté économique la faculté pour chacun d'utiliser comme il lui plaît les forces du travail sans que les pouvoirs publics aient le droit d'intervenir.

En prenant possession, en 1885, du fauteuil de la présidence de la Société des apprentis, en remplacement de M. J.-B. Dumas décédé, M. Léon Say s'exprimait ainsi : « Ici nous ne faisons pas de socialisme d'État, nous remplissons un devoir et nous demandons à l'État de remplir un devoir. La liberté ne se comprend qu'à la condition qu'elle ne lèse la liberté de personne, et lorsque les faibles ne peuvent pas se protéger eux-mêmes contre les excès de la liberté des autres, il faut bien que ce soit l'État qui les protège » (1).

(1) *Bulletin de la Société des apprentis*, 1885, p. 21.

Et le *Journal des Economistes*, l'organe de l'école du libéralisme économique, reconnaît :

« Qu'il y a pour l'État une sphère d'activité nécessaire, et que cette sphère a des limites extrêmes dont la nécessité n'est pas moins certaine. La partie métaphysique du sujet se trouvant ainsi élaguée il ne reste plus qu'une question de plus ou moins » (1).

C'est, en d'autres termes, la pensée qu'exprimait ainsi Stuart Mill :

« Il est des choses dont l'État ne se doit point mêler et il en est d'autres dont il est indispensable qu'il se mêle ».

Cette question de plus ou moins, dont parle le *Journal des Economistes*, comment la résoudra-t-on, sinon en établissant expressément la nature du droit d'intervention de l'État ?

Mais la nature de ce droit d'intervention nous sera d'autant mieux connue que nous aurons plus clairement exposé la nature et la mesure des attributions de l'État.

Une nation est formée par l'ensemble des individus et des familles et l'État n'est pas autre chose que la nation organisée ; il est le faisceau des pouvoirs publics.

L'erreur fondamentale des doctrines socialistes, héritières en cela des doctrines du paganisme, consiste à substituer l'État à l'individu pour régler tous les détails de la vie économique.

_________

(1) *Journal des Economistes*, série 2, t. 10.

Or ce qu'il faut établir avant tout, c'est que l'État est créé pour l'individu et non pas l'individu pour l'État. L'individu a une existence propre et complète, indépendamment de l'État. Il n'a pas plus le droit de demander le bien-être à l'État que l'État n'a le devoir de lui procurer ce bien-être. La société civile existait avant l'État. L'État n'a qu'une mission, c'est de la protéger ; son rôle c'est de défendre par la force les droits de chacun et ceux de la collectivité.

L'État est essentiellement *custos juris*. Protéger le droit, le défendre par tous les moyens dont il dispose, telle est sa fonction naturelle, il n'en a pas d'autre. Étendre ses attributions au delà de cette protection nécessaire des droits de chacun et des droits de tous, c'est lui permettre des incursions hélas! trop souvent accomplies sur des domaines qui lui sont interdits. C'est justifier son ingérence en des matières qui ne relèvent en aucune sorte de lui. C'est méconnaître sa fonction, c'est sacrifier à la brutalité de la force oppressive les droits eux-mêmes que l'État a la charge de protéger.

C'est cette méconnaissance de la vraie fonction de l'État qui faisait dire, il y a quelques années, à un ministre de l'Instruction publique présidant, à la Sorbonne, une réunion des sociétés savantes :

« Il faut dans un pays qui n'a plus d'aristocratie de race et où les aristocraties de fortune se dissipent presque aussitôt qu'elles sont fondées, il faut que l'État qui est le riche, qui est le savant et qui a le loisir prenne en mains les nobles causes que le travail, que l'entraînement des affaires, que le courant des choses positives font nécessairement perdre de vue à la masse des sociétés. C'est là le rôle de l'État dans une société démocratique ; et plus cette société est démocratique, plus la bataille pour la vie y est ardente, plus le flot de l'industrialisme y monte comme une marée qui n'aurait plus de reflux, plus la société est laborieuse, égalitaire, plus il importe que l'État se charge du rôle non seulement d'administrateur, de gendarme, de ménagère de la société, mais de tuteur des hautes études, et permettez-moi le mot, de gardien de l'Idéal » (1).

M. Claudio Jannet, citant ce discours, avait bien raison de s'écrier : « Le jour où l'État nous fournira l'idéal, le monde retombera dans cette servitude qu'il n'avait plus connue depuis l'antiquité et qui, malgré des formes purement extérieures de liberté, était la plus dure de toutes, parce que le spirituel et le temporel étaient confondus dans la conception d'une utilité sociale, dont la démagogie athénienne ou le césarisme romain se déclaraient les juges infaillibles et matériellement tout puissants. Ce serait un effroyable recul de la civilisation ».

On ne saurait trop se mettre en garde, en effet, contre de pareilles théories dont le moindre défaut est de faire pénétrer l'État dans le domaine sacré de la conscience.

(1) Discours de M. Jules Ferry. *Journal officiel*, 1er avril 1884.

Il n'est pas douteux que ces appels incessants à l'intervention de l'État, en toutes matières, appels qui se produisent surtout chez les nations vieillies et courbées sous le poids de la centralisation sont gros des plus désastreuses conséquences.

Il faut absolument reconnaître et proclamer que l'ordre politique seul appartient à l'État. L'ordre économique qui a pour but la production et la répartition de la richesse ne lui appartient pas. L'État a néanmoins le droit d'y intervenir pour y remplir ce qui est proprement sa fonction : la protection des droits trop faibles pour se protéger eux-mêmes ou la défense des intérêts supérieurs de la famille, de la patrie, de la société ou de la morale publique. Il intervient dans la mesure de la justice. De la justice, disons-nous, non de la charité. Les Codes ne sont pas et ne peuvent pas être des manuels de charité et de bienfaisance. On n'exerce pas la charité à coup de décrets et de lois. L'État n'est pas qualifié pour imposer le devoir de la charité.

La loi est faite pour reconnaître, appuyer, protéger un droit dans l'intérêt du plus grand nombre. Si l'on se met à réglementer la charité, si le domaine du droit tend à se confondre avec celui de la charité, alors c'est l'anarchie dans les idées, la loi n'est plus la loi, c'est l'article de journal, c'est l'impression du moment, c'est la fantaisie de l'idée, c'est le caprice de l'imagination, c'est le cri du cœur, c'est tout ce que l'on voudra, mais ce n'est plus la réglementation d'un droit.

Aussi bien, remarquons-le simplement, la théologie est sur ce point d'accord avec la science juridique. Saint Thomas d'Aquin établit une différence fondamentale, essentielle, entre la justice et la charité.

En séparant nettement ici le domaine de la justice et celui de la charité, nous nous exposons peut-être à la critique de certains hommes qui s'imaginent bien à tort qu'il suffit de céder à l'entraînement de son cœur pour voir juste dans les délicates questions du travail.

Il nous importe peu ; nous ne cesserons de répéter que rien ne vaut la clarté des principes du droit pour assurer une opinion raisonnée en pareille matière.

Ce n'est pas le sentiment qui place l'État dans sa sphère naturelle et délimite sa fonction normale, c'est le droit, dans le sens le plus large du mot ; et c'est la connaissance exacte du droit qui seule peut empêcher de tomber dans des erreurs parfois grossières, toujours redoutables, et dont le corps social est la première victime.

Il est si vrai d'ailleurs que c'est à la lumière des principes du droit qu'il faut étudier cette question de l'intervention de l'État que sans cette lumière on risque de se tromper tout à fait sur le fondement de la légitimité de cette intervention.

C'est une erreur doctrinale assez répandue que celle qui fait reposer le droit pour l'État d'intervenir sur cette idée que le travail étant une *fonction sociale*, il appartient à l'État de la réglementer comme toute autre fonction sociale.

Cette erreur sur la nature essentielle du travail s'est manifestée à plusieurs reprises à la tribune des Parlements, en France et à l'étranger.

Le prince Aloys de Lichtenstein l'a exprimée en ces termes à la Chambre des seigneurs du Reichsrath, de Vienne :

« On nous accuse de revenir au moyen âge, de rétablir les maîtrises. Les maîtrises reposaient sur une vérité indestructible. Ce principe, c'est que le travail n'est pas une *affaire privée*, mais une *fonction déléguée par la société* à l'un de ses membres ».

C'est la même idée que nous trouvons reproduite dans un article de revue économique, où l'auteur parlant des anciennes communautés d'artisans et du régime économique de l'ancienne France, ajoute : le travail y était considéré comme une fonction sociale (1).

M. le comte Albert de Mun, lui-même, entraîné sans doute par une générosité de cœur à laquelle chacun se plaît à rendre hommage, non moins qu'à son grand talent, a exprimé cette même idée à la tribune de la Chambre des députés, dans la séance du 11 juin 1888 : « Le droit qu'ont les pouvoirs publics d'intervenir dans le contrat de travail découle d'abord de ce que le travail est pour moi non pas une marchandise , mais une *fonction sociale* qui crée entre ceux qui la remplissent et la société des obligations réciproques, et dont l'exer-

(1) *Revue Association catholique*, mai 1886.

cice ne peut être ainsi abandonné à la seule loi des intérêts particuliers ».

C'est cette formule erronée du travail *fonction sociale* que critiquait avec raison Mgr Freppel, évêque d'Angers et député du Finistère, dans son discours au Congrès des jurisconsultes catholiques, en 1890 :

« C'est là, disait-il, une maxime que, pour ma part, je conteste absolument. Le clergé, la magistrature et l'armée remplissent des fonctions sociales ; cela se comprend de soi. Mais le travail de l'ouvrier comme celui du patron est d'ordre purement privé. Le contrat qui les lie l'un à l'autre est un contrat personnel, d'homme à homme, de particulier à particulier, et dans lequel les pouvoirs publics n'ont rien à voir, si ce n'est pour faire respecter la justice et la morale, ainsi que je le rappelais tout à l'heure. Dira-t-on que le travail est une fonction sociale parce qu'il intéresse la société ? Mais à ce compte-là, il n'y a pas de manifestation de l'activité humaine qui ne ferait surgir toute une armée de fonctionnaires, car c'est le propre de la Société qu'aucun de ses membres ne puisse s'isoler du corps entier auquel se rapportent en profit ou en perte tous les actes individuels. Autant vaudrait soutenir que le consommateur sans lequel le producteur ne pourrait subsister remplit à son tour une fonction sociale et alors où s'arrêter dans cette voie ? Il n'y a plus de Français qui ne puisse se dire fonctionnaire » (1).

(1) *Revue cath. des inst. et du dr.*, 1890, 2ᵉ semestre, p. 418.

Non, il n'est pas plus juste de dire que le travail est une fonction sociale, qu'il n'est juste de prétendre avec Guizot que le travail est un frein, qu'il n'est juste enfin d'affirmer avec quelques-uns que le travail est une marchandise.

Le travail est au premier chef une fonction privée et sa fin immédiate est de subvenir aux nécessités domestiques ; c'est le produit de l'activité de l'homme ; la vie ne se conçoit pas sans l'activité et l'activité sans le travail.

M. le comte Albert de Mun, mieux inspiré cette fois, disait, le 12 juin 1883, parlant sur les syndicats professionnels et combattant l'idée du travail marchandise :

« C'est la doctrine qui consiste à considérer le travail comme une marchandise, au lieu de l'envisager comme *un acte de la vie humaine*, le plus noble de tous et dont on ne saurait tracer les règles en faisant abstraction de l'homme qui en est l'auteur ».

Frédéric Bastiat n'a pas défini autrement le travail : « Dans son sens restreint le mot travail s'entend de l'action musculaire de l'homme sur les choses ; dans son sens large, il se dit de l'application de nos facultés à la satisfaction de nos besoins » (1).

Louis Blanc, combattant avec sa vigueur habituelle ceux qui ne voudraient voir dans le travail qu'une marchandise, ne disait pas autre chose, à savoir que le

_____
(1) *Harmonies économiques*, p. 87.

travail est un acte de la vie humaine. Il s'écriait à la séance de la Chambre des députés, le 28 mars 1881 :

« L'ouvrier vend son travail, soit, mais n'y a-t-il donc rien dans cette vente qui la distingue de celle d'une table ou d'un joujou ? Ce que l'ouvrier vend, quand il dispose de son travail, c'est tout son temps, c'est tout l'ensemble de ses facultés, c'est *sa vie*, c'est *son être*. Est-ce donc un marché ordinaire que celui-là ? »

Enfin notre grand Domat, dans son magnifique ouvrage *Arts et métiers,* parlait ainsi du travail, loi naturelle et divine de l'humanité :

« Il n'y a pas de conditions, sans en excepter les plus élevées, qui n'ait son caractère essentiel et pour son devoir capital et indispensable, l'engagement au travail pour lequel elle est établie.

« Ceux qui prétendent pouvoir se dispenser du travail ignorent leur nature. Ils renversent les fondements de l'ordre. Ils violent la loi naturelle et divine de sorte qu'on ne doit pas être surpris que Saint Paul ait dit que celui qui ne travaille pas est indigne de la vie qui n'est destinée que pour le travail, et nous apprenons dans l'Evangile que celui qui demeure inutile et sans travailler n'est pas seulement indigne de cette vie, mais qu'il est digne de la mort de l'âme » (1).

Voilà bien l'idée élevée et vraie du travail, loi de la nature humaine, produit essentiel de l'activité de

(1) Domat, t. II, édit. 1777, p. 98, tit. XIII, liv. I, *Arts et métiers.*

l'homme, devoir de conscience autant que nécessité corporelle.

La maxime qui fait du travail une fonction sociale est donc une maxime erronée et ce n'est pas sur elle qu'il faut s'appuyer pour légitimer et préciser le droit d'intervention de l'État. Ce droit repose, comme nous l'avons déjà dit, sur la nécessité où est l'État de protéger les droits trop faibles pour se protéger eux-mêmes et sur son devoir de faire observer la morale publique, la justice et l'ordre.

Le droit romain décrivait en quelques mots le contrat de louage d'industrie : *Do ut facias*, disait le patron ; *Facio ut des*, disait l'ouvrier. Ces mots suffisent encore de nos jours à former le contrat, mais tout ne se passe pas toujours ainsi seulement entre le patron et l'ouvrier. Les pouvoirs publics ont le droit d'intervenir quand l'ordre l'exige et ils interviennent en vertu de leur fonction de justice.

Ce n'est pas ici le lieu de définir l'ordre, ce travail n'étant point une étude de droit naturel. Un tel sujet exigerait, pour être traité comme il le mérite, une ampleur de développements que le cadre de ce travail ne permet pas.


Si le fondement du droit d'intervention est discuté, le droit lui-même est indiscutable et n'est nié par personne. Mais on se sépare de nouveau sur le point de savoir jusqu'où il s'étend.

Aucune contestation ne s'élève sur l'intervention en faveur des deux faiblesses sociales : les enfants et les femmes mineures. Dans ce cas, en effet, la liberté est par elle-même impuissante à résoudre certaines difficultés auxquelles pourvoit la réglementation par les pouvoirs publics.

M. le comte Albert de Mun a prononcé un jour, au Parlement, cette belle parole : « Quand l'humanité souffre, la liberté ne saurait se réjouir ». La liberté n'est pas atteinte, quand l'État se préoccupe de diminuer ou d'empêcher la souffrance d'êtres trop faibles pour se défendre eux-mêmes.

La plus grande autorité morale qui soit au monde, le Souverain Pontife, Léon XIII, s'est, à plusieurs reprises, formellement exprimé à cet égard. Il disait, en 1889, aux ouvriers français venus à Rome pour le saluer : « Que l'État protège le jeune âge, la faiblesse et la mission toute domestique de la femme, le droit et le repos du dimanche ».

Et Mgr Freppel, en 1890, dans le discours que nous avons déjà cité, tenait à faire sur ce point la déclaration la plus catégorique : « Entendons-nous bien ; personne que je sache, du moins parmi nous, ne songe à contester que l'État, c'est-à-dire l'ensemble des pouvoirs publics, ait non seulement le droit, mais encore le devoir d'intervenir dans le domaine économique et social pour prévenir et réprimer les abus manifestes qui pourraient s'y produire, surtout à l'égard des petits et des faibles.

L'État, et c'est précisément sa raison d'être, l'État a pour mission de protéger tous les droits sans exception. Comment n'entrerait-il pas dans son rôle de prendre sous sa protection ceux qui, par l'infirmité de leur condition, en ont le plus besoin ? Si le Code civil, sans sortir de sa sphère, peut et doit prévoir les abus de la puissance la moins discutée de toutes, la puissance paternelle, pour y mettre un frein, à plus forte raison ses prescriptions peuvent-elles tendre à faire respecter la justice et la moralité publique, quand il s'agit d'un simple contrat de louage. Je dirai plus : lorsque dans l'intérêt de tous, pour des motifs d'hygiène et de salubrité publique, le législateur s'inquiète des conditions matérielles de l'atelier ou de l'usine ; lorsque, appuyé sur une loi divine, il assure aux uns et aux autres le repos du septième jour pour empêcher la destruction de l'ordre domestique et social, religieux et moral, il n'excède pas ses attributions ».

Tant qu'il s'agit de protéger des faibles, de défendre les enfants et les femmes mineures, nous le répétons, aucune contestation ne s'élève, toutes les écoles sont d'accord, au moins en principe. Mais il n'en est plus ainsi, dès qu'on parle de réglementer le travail des adultes.

Mettons à part, tout d'abord, les écoles socialistes qui, faisant de l'intervention absolue de l'État le pivot de toutes leurs doctrines, condamnent l'homme à sacrifier ses intérêts privés à ceux de la collectivité et à confier entièrement à l'État le soin de ses propres affaires.

De telles doctrines sont la négation de l'initiative individuelle, et partant la destruction de la responsabilité humaine. Nous n'avons pas à les discuter ici.

En dehors donc des tenants des doctrines socialistes, nous nous trouvons en présence de deux opinions distinctes.

Les partisans de la première repoussent en principe toute intervention de l'État dans le travail des adultes. Permettre cette intervention alors qu'il s'agit d'adultes, c'est-à-dire d'hommes ou de femmes pleinement capables, disent-ils, de débattre leurs intérêts et de défendre leurs droits, cela leur paraît empiéter sur un terrain qui n'est pas celui de l'État.

Les partisans de la seconde, au contraire, plus hardis ou mieux pénétrés du vrai rôle de l'État, demandent que celui-ci prenne des mesures légales pour sauvegarder, même dans le travail des adultes, l'ordre et la justice, et empêcher, au besoin, ce qui pourrait être une exploitation manifeste de l'ouvrier.

Il est de toute nécessité d'établir ici une distinction précise. Il faut distinguer entre l'État intervenant au nom de la justice, de l'ordre et de la santé publics, et l'État intervenant pour régler les détails et, si nous pouvons ainsi dire, l'ordonnance du contrat de travail lui-même.

Il ne faut pas nous dissimuler que rien n'est plus délicat que de déterminer la limite exacte où finit le rôle de justice qui incombe à l'État.

Ce rôle de justice, nous l'apercevons clairement, lorsqu'il est question de l'enfant, de la santé et de la moralité de la femme. Mais quand, pénétrant dans le contrat de travail lui-même, nous en discutons les détails, nous ne discernons pas les raisons pour lesquelles l'État se chargerait d'intervenir entre le patron et l'ouvrier adulte, pour fixer la quotité du salaire, imposer aux chefs d'entreprise un minimum de salaire ou établir une proportion entre les bénéfices du patron et le salaire de l'ouvrier.

Il tombe sous le sens que lorsque le patron a payé la somme promise dans le contrat, il est libéré en droit, pourvu, bien entendu, que le salaire soit juste ; et de savoir si le salaire est juste, c'est une question fort délicate et d'une solution fort difficile.

Qu'on veuille bien toutefois observer que lorsque nous disons que le patron est libéré en droit, quand il a payé le juste salaire, nous n'entendons pas que le patron soit dégagé de toute autre obligation morale à l'égard de ses ouvriers. Nous avons une opinion personnelle très nette sur les obligations morales du patron et nous sommes fermement convaincu qu'un chef d'industrie a, en dehors des obligations civiles que le contrat de louage de service met à sa charge, un véritable rôle social à remplir. Mais nous croyons non moins fermement que ces obligations morales ne relèvent que de sa conscience et que l'Etat ne saurait s'en préoccuper et en poursuivre l'accomplissement sans commettre le plus grave abus de pouvoir.

Les objections fondamentales faites à l'intervention de l'Etat, lorsqu'il s'agit de régler les éléments du contrat de travail, n'ont plus de raison d'être, pensons-nous, quand l'Etat intervient, au nom de l'ordre ou de la santé publique, pour supprimer des abus qui compromettent l'un ou l'autre. Ainsi en est-il de la limitation de la journée de travail.

L'accord sur cette question n'est pas unanime, tant s'en faut.

Sur ce point, comme sur tous les autres, l'essentiel est de s'entendre et d'en appeler aux principes.

Lorsque l'Etat fixe une limite à la durée du travail quotidien, en alléguant qu'au delà de cette limite naissent de graves abus dont la famille, le pays, la société souffrent, l'Etat est dans sa fonction protectrice, il ne sort pas de son domaine, il n'excède pas son droit.

Il n'est pas plus excessif de la part de l'Etat de dire : il est interdit à un chef d'industrie de faire travailler pendant plus de douze heures par jour, que de rendre obligatoire un jour de repos par semaine.

Or personne ne conteste que le législateur ait le droit d'imposer le repos hebdomadaire.

Des protestations isolées s'élèvent encore parfois contre la loi du 9 septembre 1848 qui a fixé à douze heures la durée légale de la journée de travail. Cette loi était restée, il est vrai, en quelque sorte ignorée, et c'est pour cela que le législateur a fait une loi nouvelle, celle du 18 février 1883, pour prescrire l'application de la loi de 1848, et a confié aux inspecteurs du travail le soin de veiller à cette application.

Nous pensons, quant à nous, que la Chambre de commerce de Rouen voyait juste, lorsqu'elle écrivait au ministre, le 30 juillet 1848, quelques semaines par conséquent avant le vote de la loi du 9 septembre :

« La Chambre de commerce de Rouen est persuadée que le travail doit être sagement réglementé dans l'intérêt de l'humanité ; que protection est due à l'ouvrier contre les abus de la liberté illimitée et que l'abaissement de la valeur des produits ne doit pas être obtenu aux dépens de la santé des travailleurs. Il est du devoir d'un Gouvernement vraiment populaire de mettre d'invincibles obstacles à cet immoral moyen de concurrence ».

M. Hubert-Valleroux dans son récent et excellent ouvrage sur « *le contrat de travail* » reconnaît expressément à l'État le droit de limiter la durée du travail des adultes :

« Que faut-il dire de cette intervention de la loi pour limiter la journée de travail des adultes hommes ou femmes ? En principe, même lorsqu'il prend des mesures en ce sens pour protéger les majeurs, l'État n'excède pas son droit.

« Il peut arriver que les majeurs, par faiblesse, par

misère, par ignorance, par apathie acceptent un travail excessif, subissent des conditions désavantageuses pour leur santé et il est alors du devoir de l'État d'intervenir, son intervention est nécessaire et juste. Mais quand doit-elle s'exercer ? Là est la question délicate ».

M. Charles Perrin, l'éminent économiste et professeur belge, reconnait à l'État le même droit, lorsqu'il s'exprime ainsi : « On ne pourrait pas même taxer de socialisme les mesures légales qui mettraient une limite à la durée excessive du travail des adultes en général, dans les ateliers de la grande industrie. Mais qu'on veuille bien le remarquer, il s'agit ici d'une durée excessive du travail ; il s'agit ici de cet abus monstrueux qui consiste à retenir enchaînés aux machines, pendant quinze, seize, dix-sept, dix-huit heures même de malheureux ouvriers » (1).

Est-il nécessaire que l'abus soit monstrueux, comme le veut M. Charles Perrin, ou faut-il seulement qu'il existe pour que l'État ait le devoir d'intervenir ? Nous croyons que l'abus n'a pas besoin d'être monstrueux pour justifier l'ingérence des pouvoirs publics. Il suffit qu'aucun doute ne puisse s'élever sur son existence pour faire naître l'action de la loi et la légitimer.

Quant à la question de savoir où commence l'abus, nous reconnaissons qu'elle est très délicate.

(1) *Revue catholique des institutions et du droit,* 1890, 2ᵉ semestre, p. 467.

On sait que chez nous la loi la plus récente qui ait été faite sur la matière est celle du 2 novembre 1892, relative au travail industriel des enfants et des femmes. Il est donc intéressant d'étudier cette loi.

Dans une première partie nous examinerons ce qui a été la cause, l'origine, à notre époque, du travail de la femme et de l'enfant et ce qui a été fait législativement, sur ce point, dans ce siècle, en France et à l'étranger. Nous étudierons en détail, dans une deuxième partie, la loi elle-même de 1892, et, dans une troisième partie, nous considérerons quels ont été les résultats immédiats de la loi, quelles sont les modifications qu'on propose d'y apporter, et enfin nous passerons rapidement en revue la législation étrangère.

# PREMIÈRE PARTIE

———

## CHAPITRE PREMIER

LE RÉGIME DE LA GRANDE INDUSTRIE ET LE TRAVAIL

DES FEMMES ET DES ENFANTS.

Le XIX<sup>e</sup> siècle a vu s'accomplir toute une transformation dans le régime industriel.

La grande industrie existait avant lui, mais elle n'existait qu'à l'état d'exception.

Depuis cent ans elle a pris un tel développement qu'on peut la regarder comme l'un des phénomènes les plus considérables de notre temps.

Ce qui caractérise cette transformation, c'est la substitution de la force mécanique à l'emploi de la force humaine.

La machine est devenue le grand facteur du travail industriel et les usines en quelques années se sont multipliées partout. Bien loin de diminuer le nombre des ouvriers, les machines l'ont accru, en augmentant le travail de la production. De vastes usines, de grandes manufactures ont couvert le sol ; l'industrie libre de s'abandonner à une concurrence illimitée a fait appel à des capitaux énormes et a produit dans le monde économique une telle intensité à la fois d'activité, de travail, de lutte et de fièvre, qu'on peut se demander si cette transformation complète est un bien ou un mal.

C'est une loi de l'humanité qu'un progrès ne se produise jamais sans un mélange de bien et de mal, sans une somme de résultats heureux et de funestes conséquences.

L'inconvénient immédiat d'un progrès tel que l'adoption de la machine industrielle, c'est de priver le travail d'un certain nombre de bras. Mais, ainsi que le faisait observer en 1840 M. Villermé, dans son ouvrage sur *l'état physique et moral des ouvriers*, ouvrage auquel nous ferons de larges emprunts pour mettre mieux en lumière la question que nous traitons :

« Ce mal inévitable n'est que passager, et un bien immense, permanent, vient ensuite le compenser. Telle est l'histoire de beaucoup d'inventions les plus utiles au genre humain, et pour rentrer dans notre sujet, il en a été de même du métier à bas substitué aux aiguilles à tricoter, il y a environ deux siècles, et, à une époque plus reculée, du rouet à la main substitué au fuseau.

« Le service le plus important que la mécanique appliquée aux différentes industries ait rendu à l'homme, sous le rapport de la santé comme sous le rapport de la production, est bien certainement d'avoir substitué à la

force des bras la force si puissante, si régulière, que l'on
me permette de revenir là-dessus, de la vapeur et des
chutes d'eau. Je ne pourrais jamais m'en faire une idée,
si je n'avais vu en novembre 1835, dans la maison centrale de détention de Loos, près de Lille, des hommes
qui par des efforts presque incroyables donnaient l'im-
pulsion à toutes les machines d'une filature de coton.
Ces malheureux absolument nus de la moitié supérieure du corps, essoufflés, haletants, couverts de sueur,
avaient la plupart de leurs muscles dans une agita-
tion continuelle ; ils étaient descendus au rôle de bête
de somme; la vue en était révoltante. Heureusement
qu'une pompe à feu a dû mettre un terme à cette bar-
barie digne des temps où, pour écraser le blé, des esclaves s'attelaient à des meules comme des bœufs à un
manège.

« La filature de coton de Loos, comparée aux autres
filatures actuelles, montrerait seule toute l'utilité d'un
puissant moteur, substitué à la force des bras pour éviter
aux hommes des efforts extrêmement pénibles. L'emploi
des ouvriers consiste aujourd'hui à surveiller et à diriger les machines dont ils faisaient autrefois le travail.
Le battage et le tissage du coton et de la laine, le tondage
et le lainage des draps à la mécanique comparés aux
mêmes opérations faites à la main en sont des exemples
frappants. Enfin à l'utilité directe que l'ouvrier retire de
cette foule d'inventions, de procédés nouveaux qui di-
minuent ses fatigues et lui conservent la santé, se joi-

gnent encore pour le public dont il fait partie, à titre de consommateur, l'économie de la main-d'œuvre avec l'abondance des produits, et par conséquent leur bon marché. Partout la consommation augmente avec la baisse du prix et dans une proportion ordinairement plus rapide que cette baisse ».

Voilà pour les avantages et les bienfaits du progrès de l'industrialisme contemporain.

Mais il serait aussi long que douloureux de décrire tous les malheurs, tous les désordres et toutes les misères que ce progrès a semés autour de lui.

M. Raoul Jay, dans son beau travail sur la loi de 1874, en a fait un saisissant tableau. Nous ne pouvons mieux faire que de le citer, car on ne saurait dire mieux : « Je songe plutôt, écrit-il, à ces hommes que la manufacture arrache au travail sain et fortifiant des champs. . . .

. . . . . . . . . . . . . . . . . . . . . . . . . . . . . . .

qu'elle oblige à un travail incessant, où la nuit même n'amène pas le repos, qu'elle expose enfin à une corruption morale plus terrible encore, produit fatal des agglomérations excessives. Parmi les victimes de l'industrie, il en est qui doivent, avant toutes les autres, attirer et retenir notre attention parce que pour elles le mal est plus grand, parce que trop souvent leur faiblesse reste sans défense. Je veux parler des enfants . . . . . . . .

« La nature même du progrès industriel devait de jour en jour faire entrer un plus grand nombre d'enfants à la manufacture, car le caractère essentiel de ce progrès, c'est la substitution toujours plus complète de la machine à l'homme, de la force matérielle à la force humaine. Le rôle de l'ouvrier change. Lui qui, il y a cinquante ans, avait besoin d'être robuste parce qu'il était l'agent direct de la production n'est plus aujourd'hui qu'un surveillant, un directeur de la force mécanique que la machine met à sa disposition. Qu'en résulte-t-il? C'est que chaque jour diminue l'importance de la force musculaire. C'est que l'industriel ne demande plus à celui qu'il emploie qu'un peu de soin, d'attention et d'habitude. C'est que, après quelques mois d'instruction et d'apprentissage, l'enfant vaut son père. Que dis-je, l'enfant vaut beaucoup mieux pour le chef d'usine qui le paiera beaucoup moins et en obtiendra à peu près le même travail.

« Et alors voilà l'enfant entré à l'atelier . . . . . . Il est placé près d'un engrenage qu'il est chargé de surveiller. Il doit, si vous voulez, rattacher les fils de coton brisés, que la machine d'un mouvement rythmé par la vapeur lui présentera de minute en minute. Il reste là douze, quatorze heures. Qu'il ne s'éloigne pas, que sa pensée même ne se dissipe pas un seul instant, car la machine n'attendrait pas la pâture qu'il est chargé de lui donner, et il doit être l'esclave, l'humble esclave de la machine. Il est là, dans une atmosphère viciée, aspirant à chaque battement de sa poitrine un air plus délétère que vivifiant. Comment voulez-vous qu'il devienne

un homme, un homme dans toute l'acception du mot ?
Comment voulez-vous qu'il soit jamais autre chose qu'un
pauvre être rabougri et avorté ? . . . . . . . . . . . .

« Et ce travail assidu n'aura même pas été la sauvegarde de sa moralité. Il aura trouvé autour de lui dans
ses compagnons plus âgés tous les exemples, tous les
conseils même parfois de la dépravation. Ces exemples,
ces conseils, il les aura presque fatalement suivis. Pourquoi résisterait-il lui qui n'a pas connu l'éducation de la
famille, lui dont l'intelligence est restée fermée, lui qui
peut-être n'a jamais entendu parler ni de Dieu, ni de la
loi morale ? »

Oui, voilà bien la situation lamentable de l'enfant,
dans les conditions actuelles du travail industriel. Voilà
bien le grand mal de l'industrialisme moderne.

. Si l'on ouvre les livres des économistes et des philo-
sophes qui ont écrit abondamment sur cette question du
travail de l'enfant, si l'on écoute parler d'elle les politiques et les hommes d'Etat, le tableau devient plus som-
bre encore, la plaie apparaît plus béante et plus profonde.

C'est pendant cette période qu'un économiste, M. Paul
Leroy-Beaulieu, a appelée « l'époque chaotique de l'industrie », c'est pendant la première moitié du siècle que
l'emploi des enfants dans l'industrie donna lieu aux plus
déplorables excès.

Et il ne faudrait point croire que ces excès aient aujourd'hui encore complètement disparu, soit en europe, soit dans le Nouveau-Monde.

Jusqu'en 1842, c'étaient de véritables barbaries qui étaient exercées sur les enfants employés aux travaux des mines en Angleterre. Et même en 1866, dans un congrès de la science sociale, tenu à Manchester, lord Shaftesbury retraçait, en ces termes, le tableau qui s'était offert récemment à ses yeux dans les manufactures de briques : « Là, dit-il, il semble que la femme soit descendue au plus bas degré de l'ignorance servile et de la dégradation. Des centaines de petites filles âgées de *huit* à *onze* ans, demi-nues et tellement sales qu'on peut à peine les distinguer de la terre qu'elles foulent, sont employées dans ces royaumes de l'oppression. Portant sur leurs têtes ou dans leurs bras d'énormes fardeaux d'argile, elles vont chancelant çà et là pendant de longues heures de travail. Quand je leur ai parlé, je les ai vues rester immobiles d'étonnement, ou s'enfuir en poussant des cris, comme si quelque esprit malin leur était apparu ».

Récemment encore, aux États-Unis, on signalait de graves excès commis dans les manufactures, relativement au travail des enfants. Un journal du Connecticut, le *Hartford-Times*, en donnait la relation suivante : « Notre pays assiste à des horreurs qui dépassent celles du temps où le nègre était l'objet d'un commerce. A Norwich, entre autres, cette capitale de l'abolitionisme, on voit dans les manufactures des enfants de onze, de dix et même de huit ans travaillant sans relâche onze heures par jour et quelquefois davantage encore. A ce travail épuisant, ils gagnent de 0 fr. 50 à un dollar par semaine. Les pauvres familles auxquelles ils appartiennent sont placées entre la nécessité de subir ces conditions ou de mourir de faim, et elles n'échappent pas à cette dernière alternative. Elles sont trop appauvries pour pouvoir aller dans l'Ouest. Toutes les lois sur l'école obligatoire restent impuissantes ; car si les parents essayaient de se plaindre, ils seraient immédiatement renvoyés de la manufacture. On a vu des exemples ».

Cet article fut reproduit par le *Morning-Star* du 29 avril 1877 (1).

Voilà pour le travail des enfants. Si maintenant nous passons au travail des femmes, l'examen des faits n'est pas moins navrant et la même conclusion s'en dégage.

Le travail des femmes est la seconde plaie de l'industrialisme. Michelet disait : « L'*ouvrière* ! mot impie, sordide qu'aucune langue n'eut jamais, qu'aucun temps n'aurait compris avant cet âge de fer, et qui balancerait à lui seul tous nos prétendus progrès ».

A tous les points de vue, moral, économique et social, le travail de la femme dans les usines, dans les ateliers, dans les manufactures, est un mal dont la famille et la société souffrent profondément.

_______________

(1) Claudio Jannet, *Les États-Unis contemporains*, p. 319.

Il faudrait un volume pour étudier ce vaste sujet de la condition et du travail de la femme à l'époque contemporaine. Que de livres déjà ont été écrits sur cette matière depuis le si beau livre de M. Jules Simon *L'ouvrière* et l'ouvrage si remarquable de M. le comte d'Haussonville sur *La vie et les salaires à Paris* jusqu'au livre récent et non moins intéressant d'un jeune publiciste, M. Charles Benoist, sur *Les ouvrières de l'aiguille à Paris*.

Hélas ! le travail des femmes est l'une des plus tristes nécessités de cette impitoyable lutte pour la vie qui domine toutes les questions sociales, toutes les revendications ouvrières, tous les problèmes économiques de notre temps.

Mais aussi cette condition de la femme ouvrière est, avec la condition de l'enfant ouvrier, la plus grave question d'économie sociale qui se pose de nos jours.

Cette question, nous l'examinerons, en étudiant la loi du 2 novembre 1892.

Ce que nous tenons à dire dès maintenant, c'est que le travail industriel des femmes est un mal économique et social, parce que la place de la femme est au foyer domestique et non pas à l'usine ou à l'atelier.

Jean-Jacques Rousseau a eu raison d'écrire : « C'est aux femmes qu'appartient essentiellement l'éducation du premier âge. Leurs mœurs décident de celles des hommes ».

Le travail industriel de la femme produit ce résultat

navrant de supprimer la vie de famille et de rendre très difficile, pour ne pas dire impossible, l'éducation des enfants dans la classe ouvrière.

Écoutez M. Jules Simon décrivant ce qu'est devenue la femme ouvrière : « La femme devenue ouvrière n'est plus une femme. Au lieu de cette vie cachée, abritée, pudique, entourée de chères affections et qui est si nécessaire à son bonheur et au nôtre même, par une conséquence indirecte, mais inévitable, elle vit sous la domination d'un contre-maître, au milieu de compagnes d'une moralité douteuse, en contact perpétuel avec des hommes, séparée de son mari et de ses enfants. Dans un ménage d'ouvriers, le père, la mère sont absents, chacun de leur côté, quatorze heures par jour. Donc il n'y a plus de famille. La mère qui ne peut plus allaiter son enfant, l'abandonne à une nourrice, mal payée, souvent même à une gardeuse qui le nourrit de quelque soupe. De là une mortalité effrayante, des habitudes morbides parmi les enfants qui survivent, une dégénérescence croissante de la race, l'absence complète d'éducation morale. Les enfants de trois ou quatre ans errent au hasard dans des ruelles fétides, poursuivis par la faim et le froid. Quand, à sept heures du soir, le père, la mère et les enfants se retrouvent dans l'unique chambre qui leur sert d'asile, le père et la mère fatigués par le travail, et les enfants par le vagabondage, qu'y a-t-il de prêt pour les recevoir ? La chambre a été vide toute la journée ; personne n'a vaqué aux soins les plus élémentaires de la propreté ; le foyer est mort ; la mère épuisée n'a pas la force de préparer les aliments ; tous les vêtements tombent en lambeaux : voilà la famille telle que les manufactures nous l'ont faite. Il ne faut pas trop s'étonner si le père, au sortir de l'atelier où sa fatigue est quelquefois extrême, rentre avec dégoût dans cette chambre étroite, malpropre, privée d'air, où l'attendent un repas mal préparé, des enfants à demi-sauvages, une femme qui lui est devenue presque étrangère, puisqu'elle n'habite plus la maison et n'y rentre que pour y prendre à la hâte un peu de repos entre deux journées de travail. S'il cède aux séductions du cabaret, les profits s'y engouffrent, sa santé s'y détruit ; et le résultat produit est celui-ci, qu'on croirait à peine possible : le paupérisme au milieu d'une industrie qui prospère (1) ».

Nous ne pouvons assez déplorer cette nécessité malheureuse, où se trouve la femme de l'ouvrier, obligée elle-même de devenir ouvrière, de quitter son foyer et ses enfants pour passer toutes ses journées dans l'atmosphère viciée, dans la promiscuité d'un atelier ou d'une usine, afin d'augmenter de son maigre salaire le salaire de son mari.

Assurément il ne saurait venir à notre pensée que ce mal puisse être aujourd'hui totalement empêché.

Il serait certainement désirable, que la femme pût res-

(1) Jules Simon, *L'Ouvrière*, préface.

ter le jour et la nuit à son foyer, gardant et élevant ses enfants, et que l'enfant pût être affranchi de tout travail fatigant avant d'être arrivé à l'âge d'homme. Mais puisque les exigences de la vie matérielle, plus dures, plus impérieuses qu'autrefois, rendent en quelque sorte inévitable cette nécessité pour la femme et pour l'enfant d'accroître par leur travail le budget de la famille ouvrière, encore faut-il de la façon la plus énergique et la plus sûre porter remède à ce qu'une telle situation économique présente de profondément douloureux.

Si l'on ne peut empêcher la femme d'être soumise au recrutement de la fabrique, recrutement que M. *Wolowski* trouvait « plus meurtrier que celui des soldats destinés à périr sur les champs de bataille », du moins faut-il l'entourer de toute la protection qui lui est due, et mettre au service de cette protection toute la force dont dispose le pouvoir.

Franklin à qui l'on posa un jour cette question : « A quoi sert un enfant ? » répondit : « Il sert à devenir un homme ».

Pour que l'enfant puisse devenir un homme, il faut prendre soin de ses premiers ans, et, comme il est la faiblesse par excellence, c'est en sa faveur que doit se produire la plus large protection que les pouvoirs publics ont le devoir d'exercer.

C'est impérieusement qu'une telle situation appelait, dès la transformation de l'industrie, l'intervention du pouvoir. Nous allons voir comment à travers notre siècle cette intervention s'est produite.

# CHAPITRE II

HISTORIQUE DE L'INTERVENTION DES POUVOIRS PUBLICS.


Nous avons dit que la révolution industrielle, qui signala la fin du XVIII<sup>e</sup> siècle et le commencement du XIX<sup>e</sup>, substitua l'emploi de la force mécanique à l'emploi de la force humaine et que c'est elle qui ouvrit, en quelque sorte, les portes des usines et des manufactures aux femmes et aux enfants.

Il ne faut pas perdre de vue ce fait que l'intervention des machines avait eu pour résultat de prolonger le travail.

C'est l'Angleterre qui la première chercha à porter remède au mal résultant de cette révolution industrielle, parce que c'est elle qui en souffrit la première.

M. le comte Albert de Mun a très bien mis en lumière ce fait, dans le discours qu'il prononça à la Chambre des députés (séance du 5 juillet 1890), lors de la première délibération du projet de loi sur le travail des femmes et des enfants, projet déjà adopté avec modifications par le Sénat. « On nous accuse, disait-il, de proposer des lois oppressives, attentatoires à la liberté, à la dignité des individus. Mais c'est dans le pays par excellence de la liberté individuelle, dans le pays du *Self-Help* (1),

---

(1) *Self-Help* signifie : s'aider soi-même, ne compter que sur soi.

qu'elles sont nées. Il y a un siècle que l'Angleterre a donné le signal de la législation industrielle et pourquoi cela ? tout simplement parce que la première aussi et plus activement que toutes les autres nations, elle est entrée dans la voie des grands développements industriels ; parce que, depuis le jour où Richard Arkwright, en 1779, a inventé la *Mull-Jenny*, la machine à filer le coton, où Castwright, en 1787, a inventé le métier à tisser, depuis le moment où cette grande révolution industrielle s'est opérée, supprimant la petite industrie, créant le machinisme et provoquant les industriels à l'emploi des enfants et des femmes, les abus inévitables du système nouveau ont éclaté immédiatement, et éclaté avec une telle force, une telle généralité, que l'humanité s'est révoltée, que la nécessité de songer à la préservation de la race s'est imposée et que la réglementation du travail est née du travail mécanique, comme l'effet naît de la cause ».

Le premier acte législatif sur la matière fut, sous le règne de Georges III, le bill célèbre de 1802 : *moral and health bill*, loi de morale et de salubrité. Il avait été proposé par un grand filateur, Robert Peel, celui que les Anglais appellent Peel I<sup>er</sup> et qui fut le père du célèbre ministre.

Ce bill défendait d'admettre les enfants au travail, s'ils n'étaient âgés de huit ans au moins et il interdisait de prolonger le travail au delà de douze heures.

« Le bill ne parlait que des apprentis, écrit M. Raoul

Jay. Les industriels se contentèrent de ne plus faire de contrats d'apprentissage, et la loi se tourna contre ceux-là mêmes qu'elle avait voulu protéger, en enlevant aux enfants les garanties qu'ils avaient trouvées parfois dans ces contrats ».

Les effets de ce bill furent donc à peu près nuls. Mais en 1819, Robert Peel demanda et obtint la substitution du mot « enfants » au mot « apprentis », et en 1825 un bill nouveau compléta le bill de 1819.

Enfin en 1833, il fut procédé à une enquête générale. C'est à ce moment-là, croyons-nous, que fut composé, en Angleterre, le célèbre *Chant de la chemise*, œuvre du poète *Thomas Hood* qui eut tant de retentissement et qui fut un tel cri de triste et poignante vérité que nous demandons la permission d'en transcrire ici la traduction littérale (1).

### Le Chant de la Chemise

Les doigts las et usés,
Les paupières alourdies et rouges,
Une femme, couverte de haillons, dont l'indignité
Contrastait avec son visage,
Etait assise à pousser l'aiguille et le fil ;
Cousant, cousant, cousant toujours,
Dans la misère, la faim et la hâte,
Et de sa voix à l'intonation douloureuse,
Elle chantait le *Chant de la Chemise.*

(1) C'est au livre de M. Charles Benoist, *Les ouvrières de l'aiguille à Paris*, p. 45, que nous empruntons cette traduction.

### I

Coudre, coudre, coudre !
Tandis que le coq chante là-bas ;
Coudre, coudre, coudre encore,
Jusqu'à ce que les astres brillent à travers le toit !
Oh ! C'est être esclave,
Comme chez les Turcs barbares,
Dont les femmes n'ont pas d'âmes à sauver.
Si c'est là le travail d'un chrétien !

### II

Travaille, travaille, travaille,
Jusqu'à ce que ton cerveau ait le vertige !
Travaille, travaille, travaille,
Jusqu'à ce que tes yeux soient pesants et troubles ?
Fait les coutures, la triplure et les poignets,
Jusqu'à ce que, arrivée aux boutons,
Tu tombes de sommeil
Et continues à les coudre en rêvant !

### III

O hommes qui avez des sœurs chéries,
O hommes qui avez mères et femmes,
Ce n'est pas de la toile que vous usez,
Mais la vie de créatures humaines !
Couds, couds, couds toujours !
Dans la pauvreté, la faim et la hâte,
Tu couds avec un fil double
Un linceul en même temps qu'une chemise.

### IV

Mais pourquoi parlé-je de la mort,
De ce spectre effrayant et décharné
Je ne crains guère sa mine terrible.
Tant il me ressemble, tant je lui ressemble
A cause de mes longs jours de jeûne.
O Dieu ! se peut-il que le pain soit si cher
Et que la chair et le sang
Soient à si bon marché !

V

Coudre, coudre, coudre !
Mon travail jamais ne languit
Et quel en est le salaire ? Un lit de paille.
Une croûte de pain et des haillons,
Ce toit crevassé, ce plancher froid,
Une table, une chaise brisée,
Et un mur si nu que je sais gré
A mon ombre d'y tomber quelquefois !

VI

Coudre, coudre, coudre,
  D'une heure triste à l'autre !
Coudre, coudre, coudre,
Comme le prisonnier travaille pour ses crimes,
Fait les poignets, la triplure et les coutures,
Les coutures, la triplure et les poignets,
Jusqu'à ce que le cœur se soulève et que
Le cerveau s'engourdisse, comme la main lasse.

VII

Coudre, coudre, coudre,
Dans la grise journée de décembre,
Et coudre, coudre, coudre encore
Quand le temps est chaud et clair !
  Quand au bord du toit
Les hirondelles s'accrochent pour faire leur nid,
Comme si elles me montraient leurs plumes dorées par le
Pour me faire regretter le printemps.             [soleil,

VIII

Oh ! pouvoir respirer le souffle
Si doux de la brise et de la primevère,
Pouvoir sentir le soleil au-dessus de ma tête
  Et l'herbe sous mes pieds !
Pendant une courte heure, une seule,
Pouvoir ressentir ce que je ressentais
Avant de connaître les souffrances du besoin
Et les promenades qui nous coûtent un repas !

IX

Oh ! pendant une courte heure, une seule,
  Avoir un répit, si bref fût-il,
Non pas un heureux loisir pour aimer ou espérer,
Mais seulement un temps de repos dans la douleur !
Pleurer un peu, cela me soulagerait le cœur.
Mais, sous mes paupières, il faut
Que sèchent les larmes amères,
Car chaque pleur arrête mon aiguille et mon fil !

X

  Les doigts las et usés,
  Les yeux pesants et rouges,
Une femme couverte de haillons, dont l'indignité
  Contrastait avec son visage,
Etait assise à pousser l'aiguille et le fil,
  Cousant, cousant toujours,
Dans la misère, la faim et la hâte ;
Et toujours d'une voix douloureuse,
  — Plût à Dieu que ses accents eussent
  Touché l'oreille du riche ! —
Elle chantait ce *Chant de la chemise*.

On fit donc une enquête générale, et c'est à la suite
de cette enquête qu'on rédigea la loi de 1833 qui interdisait le travail de nuit aux enfants employés dans l'industrie textile et qu'on peut peut-être considérer comme
une loi fondamentale.

Cette loi posait le principe de l'inspection. On y lisait : « Sa Majesté est priée de vouloir bien à l'avenir
nommer quatre inspecteurs chargés de visiter désormais
les manufactures où sont employés les enfants au-dessous de dix-huit ans. Ces inspecteurs pourront entrer
dans les manufactures en tout temps, en toute saison,
le jour et la nuit, et examiner tous les ouvriers qui y
travaillent ».

Le mouvement commencé par cette grande enquête de 1833 fut continué par d'autres enquêtes.

« La loi, disait M. le comte de Mun, dans le discours déjà cité, avait réglementé le travail des enfants dans l'industrie textile, mais non pas dans les autres industries : c'est de ce côté que se tournent les rapports des inspecteurs, les enquêtes de la commission du travail des enfants, les observations médicales de la direction de la santé publique. On apprend alors qu'il y a des enfants qui travaillent quinze heures, dès l'âge de sept et huit ans ; arrachés de leur lit vers deux, trois et quatre heures du matin, réduits à l'état de squelette, rabougris, décharnés, obligés de manger sans interrompre leur tâche, si bien qu'un père donne à son enfant sa nourriture à genoux pour qu'il ne quitte pas la machine ; des femmes, des jeunes filles qui travaillent sans interruption le jour et la nuit pendant vingt-six et vingt-sept heures consécutives (*exclamations*).

« Oui, Messieurs, il y a eu à cette époque un écrit intulé : *la mort d'une ouvrière par simple excès de travail*, qui a ému l'Angleterre entière. C'était l'histoire d'une modiste de vingt ans qui avait travaillé vingt-six heures et demie dans un atelier ».

En 1847, on vota une loi, la loi des dix heures, qui s'appliquait aux femmes de tout âge.

En 1878, enfin, toute la législation industrielle anglaise a été codifiée dans le *Factory's act* et la commission royale instituée pour préparer cette loi déclara que

l'industrie n'avait aucunement souffert de la réglementation législative.

C'est la constatation que faisait déjà, en 1841, M. Charles Dupin, dans un rapport où il était dit qu'en Angleterre, depuis le commencement du siècle jusqu'en 1839,
l'exportation des produits, auxquels s'appliquait la législation protectrice des enfants, s'était élevée de 102
pour 100, tandis que l'accroissement n'était que de 25
pour 100 sur les produits, auxquels la législation protectrice des enfants n'avait pas encore été appliquée.

Telle est l'histoire de la réglementation du travail des
femmes et des enfants en Angleterre.

Faisons maintenant l'historique de cette réglementation en France.

Dès 1820, croyons-nous, la Chambre de commerce de
Mulhouse demanda que le travail des enfants et des femmes fût réglementé.

En 1828, M. Jean-Jacques Bourcart, filateur de Gueb-
willer, en Alsace, appela l'attention de la *Société industrielle de Mulhouse* sur la situation de l'enfant employé
dans les usines et la nécessité de le protéger contre l'a-
bus qu'on faisait de ses forces ; et en 1837 cette société
adressa une pétition aux Chambres.

Le 31 juillet 1837, une enquête officielle était ouverte
et le Ministre du commerce interrogeait les Chambres de
commerce, les Chambres consultatives et les Conseils
de prud'hommes.

En 1839, la Société industrielle de Mulhouse mettait

au concours : la question de l'*Industrialisme dans ses rapports avec la société, sous le point de vue moral,* et M. le D^r Weber lisait, le 29 mai 1839, un remarquable et éloquent rapport sur les mémoires envoyés.

En cette même année 1839, M. Villermé prononçait à l'Académie des sciences morales et politiques un discours sur la trop longue durée du travail des enfants employés dans les filatures et faisait un récit frappant des misères des ouvriers. C'est alors que l'Académie le chargea de faire une enquête sur la condition des enfants employés dans l'industrie. Un an après, en 1840, M. Villermé consigna les résultats de son enquête dans un ouvrage intitulé : *Tableau de l'état physique et moral des ouvriers employés dans les manufactures de coton, de laine et de soie.*

Cette enquête fut comme la révélation d'un état social ignoré de la grande masse du pays : « A Mulhouse, à Dornach, etc., écrivait M. Villermé, les filatures et les tissages mécaniques s'ouvrent généralement le matin à cinq heures et se ferment le soir à huit, quelquefois à neuf. En hiver, l'entrée en est fréquemment retardée jusqu'au jour, mais les ouvriers n'y gagnent pas pour cela une minute. Ainsi leur journée est au moins de quinze heures. Sur ce temps, ils ont une demi-heure pour le déjeuner et une heure pour le dîner ; c'est là tout le repos qu'on leur accorde. Par conséquent, ils ne fournissent jamais moins de treize heures et demie de travail par jour ».

Voilà l'inconvénient matériel : le travail excessif.

Quant à l'inconvénient moral, il apparaît dans cette réflexion de M. Villermé: « Autrefois, quand il n'y avait que de petits établissements industriels, que de simples métiers à diriger, le chef d'industrie prenait ordinairement ses repas avec ses ouvriers et les logeait même fréquemment dans sa maison. Mais les machines ayant créé les grandes manufactures et ayant élevé les fabricants actuels beaucoup au-dessus des anciens, cette communauté de vie n'existe plus ou presque plus, au grand détriment des simples travailleurs, qui se trouvent ainsi privés des bons exemples et de la direction morale qu'ils en recevaient ».

Lorsqu'il parle du travail des enfants, M. Villermé fait une comparaison saisissante : « Afin de mieux faire sentir combien est trop longue la journée des enfants dans les ateliers, rappelons-nous que la journée des forçats n'est que de douze heures et qu'elle est réduite à dix par le temps des repos ».

Enfin il ne se contente pas de décrire le mal, il indique nettement le remède : « Le remède au dépérissement des enfants dans les manufactures, à l'abus homicide qu'on en fait, ne saurait donc se trouver que dans une loi ou un règlement qui fixerait, d'après l'âge de ces ouvriers, un maximum à la durée journalière du travail.

. . . . . . . . . . . . . . . . . . . . . . . . . . . . . .

« Il s'agit ici d'ailleurs d'une loi d'humanité. Elle est nécessaire, indispensable.

. . . . . . . . . . . . . . . . . . . . . . . . . . . . . .

« La société doit protéger, autant qu'elle le peut, les enfants contre l'abus d'un travail excessif, évidemment au-dessus de leurs forces et qui les tue, comme elle les protège dans certaines circonstances, contre leurs tuteurs et leurs propres parents.

. . . . . . . . . . . . . . . . . . . . . . . . . . . .

« Retrancher sur le temps de leur présence dans les ateliers comme je l'ai vu pratiquer dans les manufactures de Suisse et d'Alsace quelques instants qui seraient consacrés à l'étude, ce serait ajouter à leur avenir une nouvelle chance de bonheur, sans nuire à l'intérêt des fabricants. On éviterait ainsi le grave reproche d'avoir toléré, favorisé même une exploitation homicide, et l'on permettrait l'entier développement des enfants qu'entrave leur trop long travail, et qui devenus un jour hommes faits récompenseraient la Patrie, par leurs services, de la protection qu'elle leur aurait accordée dans l'âge de leur faiblesse ».

L'effet de l'enquête personnelle de M. Villermé fut très grand et le gouvernement rédigea un projet de loi qui fut voté et devint la loi du 22 mars 1841. On doit rendre hommage aux économistes de ce temps-là, les Villermé, les Blanqui et les Wolowski, car ce sont eux qui, dès 1841, ont fait pénétrer dans notre législation le principe de l'intervention de la loi pour protéger les femmes et les enfants.

Loi de 1841. — La loi du 22 mars 1841 est donc la première loi française sur le travail des enfants.

Elle s'appliquait aux enfants employés dans les manufactures, les usines, les ateliers à moteurs mécaniques ou à feu continu, ainsi qu'aux fabriques occupant plus de vingt ouvriers. Elle laissait en dehors de son application tous les petits ateliers.

Elle fixait l'âge d'admission à huit ans et s'appliquait aux enfants jusqu'à l'âge de seize ans.

Elle limitait ainsi la durée de leur travail : de huit ans à douze ans, la journée était limitée à huit heures, et de douze ans à seize ans, elle était limitée à douze heures.

Elle supprimait le travail de nuit pour les enfants au-dessous de treize ans (sauf certaines exceptions).

Elle interdisait le travail du dimanche aux enfants de moins de seize ans, par conséquent à tous les enfants auxquels la loi s'appliquait.

Elle imposait aux enfants admis au travail et âgés de moins de douze ans, l'obligation d'aller chaque jour à l'école pendant quelques heures.

Il est à noter que la loi réservait le droit pour les règlements d'administration publique d'accroître ses exigences, en prohibant d'une façon absolue dans certaines industries, le travail des enfants, ou en étendant les termes de la loi à certains établissements que la loi n'indiquait pas.

La loi prescrivait aux maires de délivrer aux enfants admis au travail des livrets sur lesquels les patrons devaient inscrire les entrées et les sorties. Le texte de la loi devait être affiché dans les ateliers.

Cependant la loi manquait de sanction : c'était là son vice radical. L'article 10 portait que le gouvernement établirait des inspections pour surveiller et assurer l'exécution de la présente loi. En réalité, le législateur de 1841 faisait choix des ingénieurs des mines pour faire office d'inspecteurs. Aussi M. Jean Dolfus de Mulhouse écrivait-il à ce propos : « On a nommé pour l'inspection des ingénieurs des mines ; je trouve cela absurde, il faut faire, à cet égard, absolument ce qui se fait en Angleterre et ne pas craindre une dépense si utile pour avoir une bonne inspection ».

A dire vrai, notre loi de 1841 ne valait pas la loi anglaise de 1833. Elle fixait l'âge d'admission dans les manufactures à huit ans, la loi anglaise de 1833 le fixait à neuf ans.

En fait la loi de 1841 resta inappliquée. En 1847 M. Charles Dupin disait, à la Chambre des Pairs :

« Depuis six ans, la loi échoue ; d'abord exécutée un peu, puis de moins en moins, on a fini par la déclarer inexécutable, parce que nous n'avons pas constitué des inspecteurs puissants et indépendants », et M. Testelin faisait la même constatation, au mois de mai 1874, quand il disait : « La loi de 1841 était fort belle, seulement elle n'a jamais été mise en application » (La qualification de fort belle pour une loi qui admettait à un travail de dix heures des enfants de huit ans nous paraît tout au moins singulièrement exagérée).

Un projet de loi fut présenté à la Chambre des Pairs par le gouvernement, le 15 février 1847.

Ce projet s'inspirait manifestement des innovations réalisées en Angleterre. Il fixait à dix ans l'entrée de l'enfant à l'atelier, mais il permettait d'imposer à cet enfant de dix ans la journée de douze heures.

C'était à la fois un progrès et un recul sur la loi de 1841.

La commission modifia entièrement le projet du gouvernement.

Elle voulut maintenir l'âge de huit ans comme âge d'entrée de l'enfant à l'atelier. Cependant, jusqu'à l'âge de douze ans, la journée ne devait être que de huit heures. De plus elle élargissait l'application de la loi en l'étendant à toute fabrique occupant plus de dix personnes de tout âge et de tout sexe ou cinq personnes, enfants, adolescents ou femmes.

L'article 2 du projet assimilait aux adolescents de douze à seize ans les filles mineures et les femmes, quel que fût leur âge. C'était donc en cela que résidait la plus grande innovation, puisque pour la première fois le travail des femmes et des filles mineures était réglementé. Ce travail des femmes était limité à un maximum de douze heures.

Le principe d'une inspection spéciale était posé et l'article 4 disait :

« Il sera nommé quatre inspecteurs généraux. « Chacun d'eux ne pourra avoir sous sa direction moins d'un inspecteur divisionnaire ».

De plus le travail de nuit des femmes était prohibé.

Le Gouvernement se rallia à ce projet ainsi modifié et la Chambre des Pairs le vota le 21 février 1848. Mais le Gouvernement n'eut pas le temps de le soumettre à la Chambre des Députés. La Révolution de 1848 venait d'éclater.

Peu de temps après, l'Assemblée constituante vota le décret-loi du 9 septembre 1848 qui réglemente le travail de toutes les catégories d'ouvriers et fixe à douze heures la durée légale de la journée de travail.

Puis le 22 février 1851, intervint la loi sur les contrats d'apprentissage.

De 1851 à 1867 des protestations ne cessent d'être formulées contre l'insuffisance de la loi de 1841 et de la loi plus spéciale de 1851.

Les instituteurs rédigent en 1861 des mémoires et signalent des faits lamentables.

L'un de ces mémoires dit, en parlant du département du Nord : « Un grand nombre de fabriques emploient souvent à des tâches pénibles ou insalubres de petits malheureux qui n'ont pas dix ans. J'ai vu quinze petits garçons employés à une machine à dévider. Ils étaient assis sur des tabourets très élevés pour les empêcher de descendre et tenir leur attention plus éveillée. Chacun avait devant soi trois ou quatre bobines et en aspirait sans relâche les flocons. L'un d'eux, un peu moins jeune, tournait la roue, et on voyait son pauvre corps se dévier et la sueur perler sur son visage, à l'expression assombrie. Ces exemples sont nombreux. Les ivrognes, les libertins, les paresseux, envoient leurs enfants aux fabriques pour travailler moins eux-mêmes et boire davantage, les enfants sont livrés trop jeunes à l'industrie ; si l'on n'y met ordre, on verra dépérir les robustes populations françaises » (1).

En 1863, le conseil général de la Seine nommait un inspecteur et un inspecteur-adjoint pour vérifier la situation du travail des enfants dans les manufactures de la Seine.

En 1866, il créait un nouvel emploi d'inspecteur-adjoint.

Les conseils généraux de la Seine-Inférieure, du Pas-de-Calais, de l'Oise, du Nord, suivirent l'exemple de la Seine.

En 1867, M. de Freycinet reçut du gouvernement la mission de se rendre en Angleterre et d'y étudier la situation industrielle du pays.

Dans le rapport qu'il rédigea sur cette enquête officielle à laquelle il s'était livré, M. de Freycinet écrivait : « La loi s'exécute aujourd'hui dans toute l'Angleterre avec une ponctualité remarquable. Elle est universellement respectée des manufacturiers, et ce qui est mieux encore, elle est aimée d'eux » (2).

Un projet de loi fut élaboré en 1868 par le Conseil

---

(1) *L'Economiste français*, 3 août 1878.
(2) *Revue générale du droit*, 1877, p. 282.

d'État.Il était destiné « à modifier plusieurs dispositions de 1841 ».

Ce projet de loi était remarquable et le législateur de 1874 s'en est largement inspiré.

Il fut déposé,en juillet 1870, au Sénat ; mais la Chambre Haute n'eut pas le temps de le discuter ; la guerre avec l'Allemagne éclata quelques jours après le dépôt du projet.

C'est l'Assemblée nationale qui devait doter le pays d'une nouvelle loi sur le travail des femmes et des enfants.

Le 19 juin 1871, M. Ambroise Joubert, un industriel, membre de cette assemblée, déposa une proposition de loi. Cette proposition était composée de cinq articles. Elle prohibait l'entrée des enfants dans les ateliers avant l'âge de dix ans et établissait pour les enfants au-dessous de quatorze ans une journée d'une durée de six heures.

Elle portait en outre l'interdiction absolue du travail des femmes pendant la nuit.

Une commission fut chargée au mois de juillet 1871 d'examiner la proposition, M. Tallon en fut nommé rapporteur, et c'est en mai 1872 que le rapport fut déposé.

A la suite de nombreuses observations faites au sein de la commission, la proposition avait été modifiée par la commission.

Le rapport de la commission constatait une proportion plus grande de conscrits valides dans les départements agricoles que dans les départements industriels.

Aussi bien l'Assemblée nationale était unanime à désirer une protection efficace des enfants et des filles mineures et lorsque la proposition fut mise à l'ordre du jour de l'Assemblée et que la première délibération s'ouvrit, M. Ambroise Joubert fut couvert d'applaudissements partis de tous les bancs, quand il prononça ces paroles : « C'est une bonne fortune, au milieu de nos discussions parfois si pénibles, d'avoir à nous occuper d'une pareille question, sur laquelle je pense que nous serons tous d'accord ; car une même pensée nous unit tous, l'amour de l'humanité et un ardent désir d'améliorer le sort des classes laborieuses ».

En fait, cependant, la discussion fut longue.

L'article 1ᵉʳ de la proposition de loi portait les mots « les femmes».

La commission avait décidé de protéger aussi les femmes, quant au travail de nuit du moins.

L'Assemblée ne voulut pas suivre la commission dans cette voie pourtant si sage, et la commission dut s'incliner. M. Wolowski, dans la séance du 4 février 1873, reprit cette idée. Il déposa un amendement qui fut malheureusement repoussé à une forte majorité.

On avait reproché avec raison à la loi de 1841 de manquer de sanction, parce qu'elle avait négligé d'organiser l'inspection. Il fallait donc que la loi nouvelle organisât l'inspection d'une façon sérieuse et pratique et c'est pourquoi l'article 16 du projet était l'article capital.

Il fut vivement discuté. M. Alfred Giraud ne voulait

pas qu'il y eût un corps spécial d'inspecteurs du travail. Il voulait réserver le soin d'inspecter les établissements visés par la loi et de dresser des procès-verbaux pour les contraventions, soit aux officiers de police judiciaire, soit aux ingénieurs des Ponts et Chaussées.

Au contraire, M. Pernolet voulait confier le soin de l'inspection aux commissions locales, sous le contrôle des préfets et des sous-préfets.

MM. Joubert et Testelin s'efforcèrent de démontrer que toute la sanction de la loi résidait dans l'organisation d'une inspection spéciale ; qu'il n'était pas possible de confier le soin de veiller à l'exécution de la loi, soit aux officiers de police judiciaire, soit aux ingénieurs des ponts ou aux ingénieurs des mines. L'ingérence des officiers de police judiciaire aurait pu sembler vexatoire aux chefs d'industrie. Les ingénieurs des ponts ou ceux des mines étaient trop peu nombreux et trop occupés pour remplir efficacement un service d'inspection aussi sérieux, aussi absorbant que celui des établissements industriels.

La loi fut votée le 19 mai 1874.

Loi de 1874. — Telle qu'elle était, cette loi marquait un progrès sensible dans la voie de la protection du travail des enfants et des femmes. Mais, comme le faisait remarquer M. Richard Waddington, dans la séance du 2 juin 1888, elle était : « infiniment moins protectrice que les lois sur la matière, adoptées par la plupart des nations voisines ».

Cette loi de 1874 réglementait non plus seulement le travail des enfants, mais aussi le travail des filles mineures de seize à vingt et un ans.

En cela elle était plus extensive que la loi de 1841 qui ne s'occupait que des enfants des deux sexes jusqu'à l'âge de seize ans. Elle était plus large aussi que la loi de 1841, relativement aux établissements visés. La loi de 1841, en effet, ne s'appliquait qu'à deux sortes d'établissements :

1° Les manufactures, usines ou ateliers à moteurs mécaniques ou à feu continu ;

2° Les ateliers où plus de vingt ouvriers se trouvent réunis.

La loi de 1874 s'appliquait à toutes les manufactures, à toutes les fabriques, à toutes les usines, à toutes les mines, à tous les ateliers. Peu importait le nombre des ouvriers, la nature du moteur employé.

Seulement, car l'article 1ᵉʳ formulait nettement une condition essentielle, il fallait que le travail auquel les enfants et les filles mineures se trouvaient soumis fût *un travail industriel.*

Trois conséquences découlaient de cet article 1ᵉʳ de la loi. La première, c'était que la loi s'appliquait à l'apprenti comme à tout autre enfant ouvrier.

Toutefois la loi du 22 février 1851 sur le contrat d'apprentissage subsistait dans toutes ses dispositions qui n'étaient pas modifiées par la loi nouvelle.

La seconde conséquence, c'était que le travail des saltimbanques et des acrobates, n'étant pas un travail industriel, échappait à l'application de la loi.

Aussi, en cette même année, une loi spéciale fut votée pour protéger les enfants employés dans les professions ambulantes : ce fut la loi du 7 décembre 1874.

La troisième conséquence enfin, c'était que la loi plaçait en dehors de son action, le travail fait en famille, c'est-à-dire ce que l'on a appelé l'atelier de famille.

Rappelons à ce propos les définitions données par Littré d'une manufacture et d'une usine.

« Une manufacture est un établissement dans lequel on fabrique en grand certains produits de l'industrie ».

« Une usine est une fabrique dont le produit est obtenu par des machines plus que par le travail des ouvriers ».

Quand y a-t-il travail de famille ? A cette question, M. Raoul Jay fait cette juste réponse : « quand il y a en quelque sorte confusion entre l'atelier et la maison paternelle ».

Il ne semble pas douteux que le législateur de 1874 ait voulu assimiler au travail de famille le travail fait dans les maisons de charité ou de bienfaisance, telles que les orphelinats ou les maisons d'enseignement.

Un arrêt de la Cour de cassation du 18 février 1881 déclare affranchis de toute surveillance les ouvroirs et établissements de bienfaisance.

Il est vrai qu'un autre arrêt de la Cour de cassation du 2 août 1888, confirmant un arrêt de la Cour d'Angers du 11 mai 1888, assujettit à la loi de 1874 ces mêmes établissements charitables. Mais la Cour suprême exige pour que la loi puisse leur être appliquée qu'ils exploitent d'*une façon industrielle* le travail des enfants.

Il n'y a donc pas contradiction entre les deux arrêts.

L'article 2 de la loi de 1874 portait que les enfants ne pouvaient être employés par des patrons ni être admis dans les manufactures, usines, ateliers ou chantiers avant l'âge de douze ans révolus.

Sur ce point la loi de 1874 marquait un vrai progrès sur la loi de 1841.

Celle-ci avait fixé à huit ans la limite d'âge pour l'entrée de l'enfant à l'usine ou à l'atelier.

Il y avait presque de la cruauté à fixer ainsi un âge aussi tendre. Le titre du livre de M. Jules Simon « L'ouvrier de huit ans » était à lui seul un plaidoyer en faveur de l'enfance ouvrière.

La loi de 1874 en adoptant la limite d'âge de douze ans allait plus loin que les projets de 1847 et de 1869 qui l'un et l'autre demandaient la limite d'âge de dix ans. C'est à M. de la Bouillerie que revient l'honneur d'avoir pu, lors de la troisième délibération, faire adopter d'abord par la Commission et finalement par l'Assemblée nationale la limite d'âge de douze ans.

Toutefois l'article 1er faisait une réserve. Les enfants pouvaient être employés dès l'âge de dix ans dans certaines industries, qui furent déterminées par le Règlement d'administration publique du 27 mars 1875. Ce règlement énuméra douze industries qu'il n'est plus utile de citer aujourd'hui.

Un décret du 1er mars 1877 y ajouta deux autres industries.

Dans le cas où l'enfant était admis au travail industriel à dix ans il ne pouvait être employé que durant six heures par jour divisées par un repos. Ce travail fut appelé travail de demi-temps.

L'enfant de douze ans ne pouvait être employé plus de douze heures par jour divisées par des repos (art. 3).

La loi ne disait pas que le temps des repos devait être diminué des douze heures de travail. Aussi la Cour de Lyon infirmant un jugement du tribunal de Saint-Étienne du 30 mars 1889 jugea-t-elle, par arrêt du 22 mai 1889, qu'il n'y avait pas contravention à la loi de 1874 dans le fait de faire travailler des enfants de 5 h. 1/2 du matin à 7 h. 1/2 du soir, avec des repos formant un total de deux heures.

L'article 30 de la loi déclarait expressément que l'article 3 était applicable aux apprentis.

Quant au travail de nuit, il était interdit pour tous les enfants de moins de seize ans et pour les filles de moins de vingt et un ans, seulement dans les usines et manufactures.

C'est au nom de la morale, autant que de l'hygiène, que l'Assemblée nationale avait porté cette interdiction.

Ce principe toutefois souffrait des exceptions. L'article 6 disait : « Néanmoins dans les usines à feu continu, les enfants pourront être employés la nuit, ou les dimanches et jours fériés, aux travaux indispensables ».

« Les travaux tolérés et le laps de temps pendant lequel ils devront être exécutés seront déterminés par des règlements d'administration publique ».

Le décret du 22 mai 1875 admit quatre industries au bénéfice de cette exception : les papeteries, les sucreries, les verreries, les usines métallurgiques.

L'exception prévue par l'article 6 ne s'étendait pas aux filles mineures. Seuls les enfants du sexe masculin pouvaient en bénéficier.

Le projet de loi portait l'interdiction absolue de tout travail de nuit aux femmes. La loi eût assurément gagné à voir une telle disposition maintenue et votée. Malheureusement l'Assemblée craignit des difficultés économiques ; on lui parla de nécessités industrielles qui en réalité n'existaient pas, et cette disposition, si protectrice au point de vue social, ne fut pas maintenue.

M. Wolowski eut beau proposer un amendement rétablissant cette disposition ; il eut beau le soutenir par l'un des plus remarquables discours qui furent prononcés alors ; il eut beau rappeler à ses collègues ces paroles du rapporteur M. Tallon : « Rien ne relâche plus les liens du mariage et n'exerce sur la conduite de l'ouvrier une influence fâcheuse que l'absence continue de la femme ; rien de plus préjudiciable à la santé de l'enfant que l'éloignement de la mère aux heures où sous le toit commun les membres de la famille se réunissent pour le repos » ; il eut beau s'écrier : « La famille doit servir de fondement à la société tout entière et il n'y a pas de famille, si vous n'interdisez pas le travail de nuit des femmes dans l'usine et dans la manufacture », l'Assemblée ne voulut pas le suivre et à une majorité énorme (507 voix contre 90) l'amendement fut rejeté. Le bienfait social de l'interdiction du travail de nuit des femmes ne devait être réalisé que dix-huit ans plus tard.

L'article 5 édictait que les enfants âgés de moins de seize ans et les filles âgées de moins de vingt et un ans ne pouvaient être employés à aucun travail par leurs patrons les dimanches et fêtes reconnues par la loi, même pour le rangement de l'atelier.

Cet article n'était que la reproduction de l'article 4 de la loi de 1841, avec cette différence que la loi de 1841 autorisait le travail de rangement de l'atelier.

L'interdiction de la loi de 1874 était donc plus absolue.

Il est bon d'ajouter qu'à ce moment-là le repos du dimanche était imposé et sanctionné par la loi du 12 novembre 1814 d'ailleurs inappliquée et qui depuis a été abrogée par la loi du 12 juillet 1880.

Le décret du 22 mai 1875, dans son article 3, autorise

le travail, le dimanche et les jours fériés, dans les sucreries, les verreries, sauf de six heures du matin à midi, et dans les papeteries et usines métallurgiques, sauf de six heures du matin à six heures du soir.

La loi de 1874 édictait une autre interdiction. Les femmes de tout âge, les filles mineures, les enfants âgés de moins de douze ans, ne pourraient pas être employés à des travaux souterrains.

Pour les enfants de douze à seize ans, ils n'étaient admis à ces travaux que dans certaines conditions que fixa le décret d'administration publique du 12 mars 1875.

L'article 8 réglait les obligations scolaires. L'enfant de moins de douze ans ne pouvait être employé que si ses parents ou tuteurs justifiaient qu'il fréquentait une école.

Admis au travail avant douze ans, il devait, jusqu'à ses douze ans révolus, suivre les classes d'une école, pendant le temps libre du travail. Au cas où une école était attachée à l'établissement industriel, il devait recevoir l'instruction pendant au moins deux heures.

Les chefs d'industrie devaient veiller à la propreté, à la salubrité de l'atelier.

Un décret d'administration publique, du 14 mai 1875, divisa en deux classes les industries insalubres ou dangereuses.

Ce décret fut modifié par un autre décret du 22 septembre 1879.

La loi de 1874 organisait enfin sérieusement l'inspection.

Le législateur avait compris que la sanction de la loi était tout entière dans cette organisation.

La loi créait quinze inspecteurs divisionnaires nommés par le gouvernement sous certaines conditions de capacité.

Le comité consultatif des arts et manufactures divisa la France en quinze circonscriptions, et indiqua, dans chaque circonscription, un chef-lieu où l'inspecteur fut tenu de résider. Un décret du 15 février 1875 sanctionna cette division.

La loi laissait aux conseils généraux le soin de nommer des inspecteurs départementaux.

Elle chargeait en outre les préfets de nommer, dans chaque département, des commissions locales (une par arrondissement). Les membres étaient nommés par le préfet, sur la présentation du conseil général.

Enfin elle instituait une commission supérieure composée de neuf membres nommés par le chef du gouvernement et chargée de donner ses avis sur les règlements d'administration et de veiller à l'exécution générale de la loi.

Une circulaire du ministre du commerce du 29 mai 1875 régla la conduite des inspecteurs. Les procès-verbaux devaient être dressés en deux exemplaires : l'un était envoyé au préfet, l'autre au Parquet.

Les inspecteurs étaient placés sous la direction du ministre du commerce et le patronage de la commission supérieure à laquelle ils devaient chaque année adresser un rapport.

Les inspecteurs étaient payés par l'État ; les membres des commissions locales n'étaient pas rétribués, et les fonctions des membres de la commission supérieure étaient gratuites.

Le président de la commission supérieure devait chaque année adresser au chef de l'État un rapport sur les résultats de l'inspection et l'application de la loi.

La loi de 1841 avait puni l'infraction d'une peine de simple police et établi la compétence du tribunal de simple police.

La loi de 1874 faisait de l'infraction un délit contraventionnel, relevant du tribunal correctionnel et passible d'une peine correctionnelle.

Il était intéressant de savoir si le délit était correctionnel ou s'il n'était que contraventionnel. La question avait son importance au point de vue de l'intention, de la complicité et des circonstances atténuantes. Le rapporteur, M. Tallon, avait tranché la question en déclarant que l'infraction, bien que soumise à la juridiction correctionnelle et punie d'une peine correctionnelle, n'en demeurait pas moins une contravention.

L'article 29 autorisait le tribunal à tenir compte des circonstances atténuantes.

Il en résultait que le chiffre de l'amende pouvait être réduit à 1 franc.

En cas de récidive, l'amende pouvait s'élever jusqu'à 200 francs.

La loi était muette sur la question de prescription.

La preuve de l'infraction était établie par les procès-verbaux des inspecteurs.

Enfin la loi de 1874 était, dans ses dispositions essentielles, déclarée applicable aux apprentis.

Telle était, dans son économie générale, la loi du 19 mai 1874 qui ne fut mise en application que le 3 juin 1875. Elle laissait beaucoup à désirer, mais telle qu'elle était, elle aurait pu produire de bons résultats, si elle avait été sérieusement appliquée. Malheureusement elle fut, en général, peu appliquée. Les enfants de moins de seize ans continuèrent à travailler plus de douze heures. Les usines ne cessèrent pas le travail le dimanche. L'inspection n'était pas suffisante ; les commissions locales existaient, mais ne fonctionnaient pas.

Aussi on ne tarda pas à se plaindre de l'insuffisance de la loi et de son inexécution ; on demanda des réformes.

En 1879, le Conseil général de la Seine, reconnaissant l'insuffisance du service de l'inspection, décidait la création de 38 nouvelles commissions composées exclusivement de dames auxquelles devait être confiée la surveillance des ateliers de filles (1).

Dès 1879, le Parlement fut saisi de divers projets de loi tendant à reviser la loi de 1874. Ces projets demandaient la réduction de la journée de travail des enfants et l'interdiction du travail de nuit non seulement pour les enfants et les filles mineures, mais aussi pour les femmes adultes.

Ces projets furent pris en considération. Une commission fut nommée. M. Richard Waddington, rapporteur, déposa son rapport le 11 juin 1880. Le projet de la Commission fut voté en première lecture, le 30 novembre 1880. Mais, à la seconde lecture, après une vive discussion, la Chambre modifia le projet de la Commission et vota finalement, le 29 mars 1881, la limitation à onze heures de la durée du travail des enfants au-dessous de dix-huit ans et des femmes, et l'interdiction absolue du travail de nuit pour les femmes.

Le Sénat adopta le projet en première lecture, mais le repoussa définitivement le 24 février 1882.

Le 10 mars 1884, M. Richard Waddington qui avait présenté de nouveau à la Chambre, le projet déjà voté par elle et repoussé par le Sénat, déposait son rapport. Mais la fin de la législature empêcha la discussion.

Pendant ce temps, ni les partisans de la réforme de la loi de 1874, ni les pouvoirs publics eux-mêmes ne restaient inactifs.

(1) *Revue générale d'administration*, 1879, 2, 366.

Une série de décrets des 31 octobre et 3 novembre 1882, rendus sur avis du comité consultatif des Arts et Métiers, de la Commission supérieure du travail et du Conseil d'Etat étendirent la sphère d'application de la loi (1).

Un Congrès se réunit en juin 1883 dans une des salles du Trocadéro, s'intitula : *Congrès pour la protection de l'enfance* et eut pour résultat de ne soulever que des appréciations approbatives (2).

Disons aussi que dans leurs rapports les inspecteurs réclamaient eux-mêmes des réformes à la loi de 1874.

Dans le rapport de l'année 1883, la Commission supérieure indiquait l'extension que devrait recevoir le corps des inspecteurs pour assurer une exécution plus complète de la loi. Elle demandait que les Commissions locales fussent réellement organisées.

La Commission supérieure se plaignit encore en 1888 que le cadre des inspecteurs fût trop restreint et demanda la création d'un poste d'inspecteur général chargé de contrôler les inspecteurs (3). Et pourtant un décret du 27 mars 1885, rendu en Conseil d'État, avait élevé de 15 à 21 le nombre des inspecteurs et des circonscriptions. Mais cette augmentation avait été nécessitée par la loi de 1883 qui chargeait les inspecteurs du travail de

(1) *Journal officiel,* 11 novembre 1882.
(2) *Economiste français,* 30 juin 1883.
(3) *Journal officiel,* 1888, 2, 373.

veiller à l'application de la loi de 1848 sur la durée légale de la journée de travail.

Le rapport pour l'année 1886 se plaignait vivement des commissions locales qui ne fonctionnaient pas ou qui, lorsqu'elles fonctionnaient, « comprenaient mal le rôle qui leur était attribué par la loi » et cherchaient à se substituer à l'inspection elle-même. Or elles étaient créées pour venir en aide à l'inspection et non pas pour l'entraver, encore moins pour la supprimer.

La Commission demandait de plus que les inspecteurs fussent autorisés à inspecter les dépendances des ateliers, le couchage des enfants, car il était urgent d'améliorer ce couchage et d'assurer la salubrité de l'atelier.

Enfin dans le rapport d'une inspectrice départementale du travail pour l'année 1889 (1), on pouvait lire ces lignes fort tristes, relatives aux veillées que les ouvrières se voient dans la nécessité de faire et au travail de nuit des femmes :

« A notre visite dans les grands ateliers les ouvrières m'ont demandé de vouloir bien faire cesser les veillées et surtout le travail pendant la nuit; j'ai dû faire de nombreuses visites du soir et de nuit chez les couturières et les modistes. Voilà des femmes qui commencent à travailler à huit ou neuf heures le matin jusqu'à huit ou neuf heures le soir. Voilà déjà douze heures de pré-

_______________

(1) *Bulletin municipal officiel*, octobre 1889.

sence à l'atelier ; à six heures du soir on vient prévenir
l'atelier qu'on veillera, les ouvrières sortent pendant
quelques minutes, vont prendre un léger repas et travaillent de nouveau jusqu'à dix, onze heures  et malheureusement quelquefois une partie de la nuit ; elles n'ont
pu prendre qu'une nourriture insuffisante car elles doivent la plus grosse part de leur salaire à la famille qui
l'attend pour vivre ; elles ne peuvent donc disposer que
d'une somme minime pour leur propre repas. J'ai em-
porté un souvenir bien attristé de ces ateliers à des heures tardives du soir ; la chaleur devient accablante ; tous
les visages portent l'empreinte d'une fatigue visible.

« Je ne connais rien de plus pénible à considérer que
le tableau que je viens de retracer ; et cela sans aucune
exagération. Voilà pour les effets physiques.

« Les effets moraux sont-ils moins désastreux ? Non.
Voilà des parents dans l'impossibilité de surveiller des
jeunes filles, car ils ne connaissent pas l'heure de la
sortie de l'atelier. Pour les femmes, c'est le foyer complètement délaissé où le mari  et les enfants réclament
la présence de la femme et de la mère de famille qui y
serait si indispensable ».

Voilà quels étaient les avis des inspecteurs.

Quelques années d'application de la loi avaient donc
suffi pour faire apparaître toutes ses imperfections.

Aussi soit en 1885, soit en 1886 diverses propositions
nées de l'initiative des membres de la Chambre et vi-
sant ou la salubrité des ateliers ou la revision de la loi

de 1874 furent-elles présentées au Parlement et renvoyées aux Commissions nommées pour les examiner.

On peut en compter cinq, savoir :

1º Proposition de M. Martin Nadaud sur la durée du travail dans les usines et manufactures ;

2º Proposition de MM. Maurice Rouvier et Francis Laur relative à la salubrité et à la sécurité du travail dans les établissements industriels ;

3º Proposition de MM. de Mun, Freppel, de Belizal, etc., sur la protection des ouvriers pour la réglementation du travail ;

4º Proposition de MM. Félix Faure et Martin Nadaud concernant l'hygiène et la sécurité du travail dans les manufactures, usines, mines, chantiers et ateliers (séance du 10 décembre 1885);

5º Proposition de MM. Camelinat, Basly, Laguerre, Clovis Hugues, Brialou, etc., sur le travail des femmes et des enfants (séance du 15 juillet 1886).

De son côté, le gouvernement déposa un projet d'ensemble, le 13 novembre 1886.

Ce projet n'était en grande partie que le projet rédigé par la Commission supérieure du travail, d'après les résultats de l'enquête ouverte par elle, sur la prière du ministre du commerce, M. Hérisson, qui lui avait adressé une lettre, à la date du 14 mars 1884.

Un questionnaire avait été envoyé aux Chambres de commerce, aux conseils de prud'hommes, aux chambres consultatives des arts et manufactures, aux syndicats professionnels, aux inspecteurs du travail, aux commissions locales, aux conseils généraux, etc.

Le questionnaire comprenait huit questions. Nous tenons à faire connaître ces questions et les réponses qui y furent faites. Cela permettra de mieux voir comment le projet de 1886 se présentait au Parlement.

### PREMIÈRE QUESTION.

A quel âge les enfants doivent-ils être admis à travailler dans les établissements industriels ?

Sur 525 avis, 308 avaient indiqué l'âge de treize ans ; 138 l'âge de douze ans ; les autres étaient favorables à quatorze ou à quinze ans ; quelques-uns enfin demandaient dix ou onze ans.

Donc une majorité pour l'âge de treize ans.

### DEUXIÈME QUESTION.

Les exceptions d'âge accordées à certaines industries par l'article 2 de la loi du 19 mai 1874 doivent-elles être maintenues ?

122 avis furent pour le maintien ; 239 pour la suppression.

Donc une majorité pour la suppression des exceptions.

### TROISIÈME QUESTION.

Quels avantages et quels inconvénients présenterait la suppression du travail de demi-temps ?

Le demi-temps forçait souvent les chefs d'industrie à avoir deux équipes d'enfants pour une équipe d'ouvriers (l'enfant soumis au régime du demi-temps ne travaillant que six heures et les ouvriers travaillant quelquefois douze heures).

En outre le demi-temps était d'un contrôle difficile pour les inspecteurs.

226 avis furent pour la suppression du demi-temps, 98 seulement furent pour son maintien.

Donc une majorité pour la suppression du demi-temps.

### QUATRIÈME QUESTION.

Le travail de nuit doit-il être interdit aux femmes adultes ?

321 avis furent pour la suppression du travail de nuit des femmes ; 151 furent contre la suppression.

Donc une majorité pour la suppression du travail de nuit des femmes.

### CINQUIÈME QUESTION.

Demandez-vous des modifications au décret du 12 mai 1875 réglementant le travail des enfants dans les mines?

99 avis se prononcèrent pour le maintien du *statu quo*; 86 avis demandèrent qu'on élevât à treize ans l'âge d'admission des enfants dans les mines.

Un grand nombre de déposants à l'enquête se déclarèrent incompétents sur cette question.

### SIXIÈME QUESTION.

Faut-il maintenir la limite de douze heures fixée par la loi du 9 septembre 1848 pour le travail journalier des adultes ou la réduire à onze ou dix heures ?

Les avis furent très partagés : 170 se prononcèrent pour douze heures ; 104 pour onze heures; 119 pour dix heures ; 88 pour la liberté absolue, c'est-à-dire pour l'absence de toute réglementation.

### SEPTIÈME QUESTION.

L'interdiction du travail de nuit des enfants, des filles mineures et des femmes, et la limitation du travail journalier des adultes doivent-elles s'appliquer seulement aux usines et manufactures ou à tous les établissements industriels ? 194 avis furent pour l'extension à tous les établissements industriels ; 42 furent contre.

### HUITIÈME QUESTION.

Demandez-vous des modifications à la loi du 4 mars 1851 sur les contrats d'apprentissage ? 205 avis furent pour le maintien de la loi telle qu'elle est ; 178 furent favorables aux modifications, à celle surtout qui tendrait à mettre en harmonie la loi du 4 mars 1851 avec la loi du 19 mai 1874

Les résultats de l'enquête furent publiés en 1885 par le ministre du commerce, et ils servirent à la commission du travail pour la rédaction du projet de loi, dont nous avons parlé plus haut et qui devint, dans sa partie générale, le projet de loi gouvernemental, que M. Lockroy, alors ministre du commerce et de l'industrie, déposa à la Chambre des députés le 13 novembre 1886.

C'est ce projet qui fut discuté en première lecture par la Chambre, au mois de juin 1888, en seconde lecture, en janvier et février 1889, et adopté par elle avec modifications.

Discuté par le Sénat en première délibération, en juillet 1889, en deuxième délibération, en novembre 1889, il fut adopté par lui avec de nouvelles modifications.

Revenu à la Chambre, le projet fut discuté de nouveau par elle et modifié en juillet 1890 et en janvier et février 1891.

Le Sénat le discuta et le modifia encore en juillet, octobre et novembre 1891.

Puis, enfin, successivement discuté et modifié encore par la Chambre et le Sénat, il fut définitivement voté par la Chambre le 29 octobre 1892.

Pendant que le législateur discutait ainsi, des congrès avaient lieu.

Nous dirons quelques mots de celui qui fut le plus important, parce qu'il a exercé quelque influence sur la discussion et le vote de certains articles de la loi nouvelle.

Nous voulons parler du congrès international de Berlin. Ce fut l'empereur d'Allemagne qui en prit l'initiative en 1890.

Le but de ce congrès était d'arriver à une commune entente entre les nations pour réglementer le travail industriel. Le congrès aboutit à une série de délibérations formant un important programme de réformes. En voici quelques-unes émises par les différentes commissions et adoptées par la conférence :

1° La commission du travail le dimanche a émis le désir qu'un jour de repos hebdomadaire soit accordé à tous les ouvriers et que ce jour soit fixé au dimanche.

2° La commission des mines a adopté une résolution défendant le travail des enfants au-dessous de quatorze ans et le travail souterrain aux femmes.

3° La commission du travail des enfants fixe à douze ans l'âge pour l'admission au travail, établit des prescriptions pour l'instruction primaire, limite la durée du travail à six heures et interdit le travail aux enfants la nuit et le dimanche.

4° La commission du travail des femmes a demandé que le travail des femmes n'excède pas onze heures par jour avec le repos, et que les femmes accouchées ne puissent pas rentrer à leur atelier avant quatre semaines.

Et maintenant, après avoir fait l'historique de la législation française sur le travail des enfants et des femmes jusqu'à la loi du 2 novembre 1892, entrons dans l'étude spéciale et détaillée de cette dernière loi qui, après beaucoup de vicissitudes et des allées et venues multiples entre la Chambre des députés et le Sénat, fut enfin votée le 29 octobre 1892 et promulguée le 2 novembre de la même année.

# DEUXIÈME PARTIE

## ÉTUDE DE LA LOI DU 2 NOVEMBRE 1892.

## CHAPITRE PREMIER

### TRAVAIL INDUSTRIEL. — AGE D'ADMISSION AU TRAVAIL.— DURÉE DU TRAVAIL.

La loi de 1892 répondait à une véritable nécessité sociale. Longtemps désirée et attendue, elle fut favorablement accueillie par la grande majorité de ceux qui s'intéressent aux questions du travail.

Les motifs de la loi furent exposés par M. Léon Renard, député, dans la séance du 2 juin 1888, lors de la première discussion générale.

« Nous voulons, disait-il, d'abord protéger le développement physique de l'enfant et empêcher qu'il ne soit soumis trop jeune à un travail trop prolongé ou qui dépasserait ses forces.

« Nous voulons assurer également son développement intellectuel et favoriser son instruction primaire. C'est pourquoi nous devons introduire dans la loi des incitations pour les parents qui ne comprendraient pas suffisamment la nécessité d'envoyer leurs enfants à l'école pour y recevoir l'enseignement primaire.

« En troisième lieu nous devons favoriser l'instruction professionnelle des jeunes apprentis, afin qu'arrivés à l'âge adulte ils soient tous armés pour la lutte. Enfin nous devons désirer que le plus tôt possible et sans avoir à supporter des fatigues trop lourdes, ils puissent apporter par leur salaire une amélioration à l'existence de leur famille.

« Ce sont ces trois intérêts fondamentaux qui doivent être sauvegardés par la loi, si nous voulons que la loi soit bonne, qu'elle soit pratique et durable.

« De ces principes généraux découle d'abord la nécessité d'un examen préalable d'aptitudes physiques. Il est évident qu'avant de livrer l'enfant au travail industriel, il est nécessaire qu'un homme compétent, qu'un docteur désigné à cet effet puisse s'assurer que le travail auquel on veut le soumettre ne dépasse pas ses forces, soit par ses exigences, soit par sa durée ».

La loi du 2 novembre 1892 a réalisé en partie le désir de ceux qui la soutinrent avec le plus d'énergie.

Elle a introduit un principe nouveau dans notre législation, en limitant à onze heures la durée de la journée de travail des femmes, alors que la loi du 9 septembre 1848 permet aux hommes une journée de travail de douze heures.

Elle a accompli une vraie réforme sociale en prohibant le travail de nuit pour les femmes aussi bien que pour les enfants. Malheureusement les règlements d'administration publique ont défait en partie le travail du législateur.

Enfin elle a réduit à dix heures la journée légale de travail pour les enfants âgés de moins de seize ans, et élevé à treize ans l'âge d'admission des enfants dans les établissements industriels.

TEXTE DE LA LOI

SECTION I. — **Dispositions générales.** — **Age d'admission.** —**Durée du travail.**

ART. 1ᵉʳ. — Le travail des enfants, des filles mineures et des femmes dans les usines, manufactures, mines, minières et carrières, chantiers, ateliers et leurs dépendances, de quelque nature que ce soit, publics ou privés, laïques ou religieux, même lorsque ces établissements ont un caractère d'enseignement professionnel ou de bienfaisance, est soumis aux obligations déterminées par la présente loi.

Toutes les dispositions de la présente loi s'appliquent aux étrangers travaillant dans les établissements ci-dessus désignés.

Sont exceptés les travaux effectués dans les établissements où ne sont employés que les membres de la fa-

mille sous l'autorité soit du père, soit de la mère, soit
du tuteur.

Néanmoins, si le travail s'y fait à l'aide de chaudière
à vapeur ou de moteur mécanique, ou si l'industrie
exercée est classée au nombre des établissements dangereux ou insalubres, l'inspecteur aura le droit de prescrire les mesures de sécurité et de salubrité à prendre,
conformément aux articles 12, 13 et 14.

ART. 2. — Les enfants ne peuvent être employés par
les patrons ni être admis dans les établissements énumérés dans l'article 1er avant l'âge de treize ans révolus.

Toutefois les enfants munis du certificat d'études
primaires institué par la loi du 28 mars 1882 peuvent
être employés à partir de l'âge de douze ans.

Aucun enfant âgé de moins de treize ans ne pourra
être admis au travail dans les établissements ci-dessus
visés, s'il n'est muni d'un certificat d'aptitude physique
délivré, à titre gratuit, par l'un des médecins chargés
de la surveillance du premier âge ou l'un des médecins
inspecteurs des écoles ou tout autre médecin chargé d'un
service public, désigné par le préfet. Cet examen sera
contradictoire si les parents le réclament.

Les inspecteurs du travail pourront toujours requérir
un examen médical de tous les enfants au-dessous de
seize ans, déjà admis dans les établissements sus-visés,
à l'effet de constater si le travail dont ils sont chargés
excède leurs forces.

Dans ce cas, les inspecteurs auront le droit d'exiger leur renvoi de l'établissement, sur l'avis conforme de l'un des médecins désignés au paragraphe 3 du présent article, et après examen contradictoire si les parents le réclament.

Dans les orphelinats et institutions de bienfaisance visés à l'article 1ᵉʳ, et dans lesquels l'instruction primaire est donnée, l'enseignement manuel ou professionnel, pour les enfants âgés de moins de treize ans, sauf pour les enfants âgés de douze ans munis du certificat d'études primaires, ne pourra pas dépasser trois heures par jour.

Art. 3. — Les enfants de l'un et l'autre sexes âgés de moins de seize ans ne peuvent être employés à un travail effectif de plus de dix heures par jour.

Les jeunes ouvriers ou ouvrières, de seize à dix-huit ans, ne peuvent être employés à un travail effectif de plus de soixante heures par semaine, sans que le travail journalier puisse excéder onze heures.

Les filles au-dessus de dix-huit ans et les femmes ne peuvent être employées à un travail effectif de plus de onze heures par jour.

Les heures de travail ci-dessus indiquées seront coupées par un ou plusieurs repos dont la durée totale ne pourra être inférieure à une heure et pendant lesquels le travail sera interdit.

SECTION II. — **Travail de nuit.** — **Repos hebdomadaire.**

ART. 4. — Les enfants âgés de moins de dix-huit ans, les filles mineures et les femmes ne peuvent être employés à aucun travail de nuit dans les établissements énumérés à l'article 1ᵉʳ.

Tout travail entre neuf heures du soir et cinq heures du matin est considéré comme travail de nuit ; toutefois, le travail sera autorisé de quatre heures du matin à dix heures du soir, quand il sera réparti entre deux postes d'ouvriers ne travaillant pas plus de neuf heures chacun.

Le travail de chaque équipe sera coupé par un repos d'une heure.

Il sera accordé, pour les femmes et les filles âgées de plus de dix-huit ans, à certaines industries qui seront déterminées par un règlement d'administration publique et dans les conditions d'application qui seront précisées dans ledit règlement, la faculté de prolonger le travail jusqu'à onze heures du soir, à certaines époques de l'année, pendant une durée totale qui ne dépassera pas soixante jours. En aucun cas, la journée de travail effectif ne pourra être prolongée au delà de douze heures.

Il sera accordé à certaines industries, déterminées par un règlement d'administration publique, l'autorisation de déroger d'une façon permanente aux dispositions des paragraphes 1 et 2 du présent article, mais sans que le travail puisse, en aucun cas, dépasser sept heures par vingt-quatre heures.

Le même règlement pourra autoriser, pour certaines industries, une dérogation temporaire aux dispositions précitées.

En outre, en cas de chômage résultant d'une interruption accidentelle ou de force majeure, l'interdiction ci-dessus peut, dans n'importe quelle industrie, être temporairement levée par l'inspecteur pour un délai déterminé.

ART. 5. — Les enfants âgés de moins de dix-huit ans et les femmes de tout âge ne peuvent être employés dans les établissements énumérés à l'article 1er, plus de six jours par semaine, ni les jours de fête reconnus par la loi, même pour rangement d'atelier. Une affiche apposée dans les ateliers indiquera le jour adopté pour le repos hebdomadaire.

ART. 6. — Néanmoins, dans les usines à feu continu, les femmes majeures et les enfants du sexe masculin peuvent être employés tous les jours de la semaine, la nuit, aux travaux indispensables, sous la condition qu'ils auront au moins un jour de repos par semaine.

Les travaux tolérés et le laps de temps pendant lequel ils peuvent être exécutés seront déterminés par un règlement d'administration publique.

Art. 7. — L'obligation du repos hebdomadaire et les restrictions relatives à la durée du travail peuvent être temporairement levées par l'inspecteur divisionnaire, pour les travailleurs visés à l'article 5, pour certaines industries à désigner par le susdit règlement d'administration publique.

Art. 8. — Les enfants des deux sexes, âgés de moins de treize ans, ne peuvent être employés comme acteurs, figurants, etc., aux représentations publiques données dans les théâtres et cafés-concerts sédentaires.

Le Ministre de l'instruction publique et des beaux-arts, à Paris, et les préfets, dans les départements, pourront exceptionnellement autoriser l'emploi d'un ou plusieurs enfants dans les théâtres pour la représentation de pièces déterminées.

SECTION III. — **Travaux souterrains.**

Art. 9. — Les filles et les femmes ne peuvent être admises dans les travaux souterrains des mines, minières et carrières.

Des règlements d'administration publique détermineront les conditions spéciales du travail des enfants de treize à dix-huit ans du sexe masculin dans les travaux souterrains ci-dessus visés.

Dans les mines spécialement désignées par des règlements d'administration publique, comme exigeant, en raison de leurs conditions naturelles, une dérogation aux prescriptions du paragraphe 2 de l'article 4, les règlements pourront permettre le travail des enfants à partir de quatre heures du matin et jusqu'à minuit sous la condition expresse que les enfants ne soient pas assujettis à plus de huit heures de travail effectif ni à plus de dix heures de présence dans la mine par vingt-quatre heures.

### SECTION IV. — **Surveillance des enfants.**

ART. 10. — Les maires sont tenus de délivrer gratuitement au père, mère, tuteur ou patron un livret sur lequel sont portés les nom et prénoms des enfants des deux sexes âgés de moins de dix-huit ans, la date, le lieu de leur naissance et leur domicile.

Si l'enfant a moins de treize ans, le livret devra mentionner qu'il est muni du certificat d'études primaires institué par la loi du 28 mars 1882.

Les chefs d'industrie ou patrons inscriront sur le livret la date de l'entrée dans l'atelier et celle de la sortie.

Ils devront également tenir un registre sur lequel seront mentionnées toutes les indications insérées au présent article.

ART. 11. — Les patrons ou chefs d'industrie et loueurs de force motrice sont tenus de faire afficher dans chaque atelier les dispositions de la présente loi, les règlements d'administration publique relatifs à son exécution et concernant plus spécialement leur industrie, ainsi que les adresses et les noms des inspecteurs de la circonscription.

Ils afficheront également les heures auxquelles commencera et finira le travail, ainsi que les heures et la durée du repos. Un duplicata de cette affiche sera envoyé à l'inspecteur, un autre sera déposé à la mairie.

L'organisation de relais, qui aurait pour effet de prolonger au delà de la limite légale la durée de la journée de travail, est interdite pour les personnes protégées par la présente loi.

Dans toutes les salles de travail des ouvroirs, orphelinats, ateliers de charité ou de bienfaisance dépendant des établissements religieux ou laïques, sera placé d'une façon permanente un tableau indiquant, en caractères facilement lisibles, les conditions de travail des enfants telles qu'elles résultent des articles 2, 3, 4 et 5 et déterminant l'emploi de la journée, c'est-à-dire les heures du travail manuel, du repos, de l'étude et des repas. Ce tableau sera visé par l'inspecteur et revêtu de sa signature.

Un état nominatif complet des enfants élevés dans les établissements ci-dessus désignés, indiquant leurs nom et prénoms, la date et le lieu de leur naissance, et certifié conforme par les directeurs de ces établissements, sera remis tous les trois mois à l'inspecteur et fera men-

tion de toutes les mutations survenues depuis la production du dernier état.


## SECTION V. — **Hygiène et sécurité des travailleurs.**


ART. 12. — Les différents genres de travail présentant
des causes de danger, ou excédant les forces, ou dangereux pour la moralité, qui seront interdits aux femmes,
filles et enfants seront déterminés par des règlements
d'administration publique.

ART. 13. — Les femmes, filles et enfants ne peuvent
être employés dans des établissements insalubres ou
dangereux, où l'ouvrier est exposé à des manipulations
ou à des émanations préjudiciables à sa santé que sous
des conditions spéciales déterminées par des règlements
d'administration publique pour chacune de ces catégories de travailleurs.

ART. 14. — Les établissements visés dans l'article 1er
et leurs dépendances doivent être tenus dans un état
constant de propreté, convenablement éclairés et ventilés. Ils doivent présenter toutes les conditions de sécurité et de salubrité nécessaires à la santé du personnel.
Dans tout établissement contenant des appareils mécaniques, les roues, les courroies, les engrenages, ou
tout autre organe pouvant offrir une cause de danger,

seront séparés des ouvriers de telle manière que l'approche n'en soit possible que pour les besoins du service.

Les puits, trappes et ouvertures de descente doivent être clôturés.

ART. 15. — Tout accident ayant occasionné une blessure à un ou plusieurs ouvriers, survenu dans un des établissements mentionnés à l'article 1er, sera l'objet d'une déclaration par le chef de l'entreprise ou, à son défaut et en son absence, par son préposé.

Cette déclaration contiendra le nom et l'adresse des témoins de l'accident, elle sera faite dans les quarante-huit heures au maire de la commune qui en dressera procès-verbal dans la forme à déterminer par un règlement d'administration publique. A cette déclaration sera joint, produit par le patron, un certificat du médecin indiquant l'état du blessé, les suites probables de l'accident et l'époque à laquelle il sera possible d'en connaître le résultat définitif.

Récépissé de la déclaration et du certificat médical sera remis, séance tenante, au déposant.

Avis de l'accident est donné immédiatement par le maire à l'inspecteur divisionnaire ou départemental.

ART. 16. — Les patrons ou chefs d'établissements doivent en outre veiller au maintien des bonnes mœurs et à l'observation de la décence publique.

SECTION VI. — **Inspection.**

ART. 17. — Les inspecteurs du travail sont chargés
d'assurer l'exécution de la présente loi et de la loi du
9 septembre 1848.

Ils sont chargés, en outre, concurremment avec les
commissaires de police, de l'exécution de la loi du 7 décembre 1874 relative à la protection des enfants employés dans les professions ambulantes.

Toutefois, en ce qui concerne les exploitations de mines, minières et carrières, l'exécution de la loi est exclusivement confiée aux ingénieurs et contrôleurs des mines qui, pour le service, sont placés sous l'autorité du
Ministre du commerce et de l'industrie.

ART. 18. — Les inspecteurs du travail sont nommés
par le Ministre du commerce et de l'industrie.

Ce service comprendra :

1° Des inspecteurs divisionnaires ;

2° Des inspecteurs ou inspectrices départementaux.

Un décret rendu après avis du Comité des arts et manufactures et de la Commission supérieure du travail
ci-dessous instituée déterminera les départements dans
lesquels il y aura lieu de créer des inspecteurs départementaux. Il fixera le nombre, le traitement et les frais de
tournée de ces inspecteurs.

Les inspecteurs ou inspectrices départementaux sont placés sous l'autorité de l'inspecteur divisionnaire.

Les inspecteurs du travail prêtent serment de ne point révéler les secrets de fabrication et, en général, les procédés d'exploitation dont ils pourraient prendre connaissance dans l'exercice de leurs fonctions.

Toute violation de ce serment est punie conformément à l'article 378 du Code pénal.

ART. 19. — Désormais ne seront admissibles aux fonctions d'inspecteur divisionnaire ou départemental que les candidats ayant satisfait aux conditions et aux concours visés par l'article 22.

La nomination au poste d'inspecteur titulaire ne sera définitive qu'après un stage d'un an.

ART. 20. — Les inspecteurs et inspectrices ont entrée dans tous les établissements visés par l'article 1$^{er}$ ; ils peuvent se faire représenter le registre prescrit par l'article 10, les livrets, les règlements intérieurs et, s'il y a lieu, le certificat d'aptitude physique mentionné à l'article 2.

Les contraventions sont constatées par les procès-verbaux des inspecteurs et inspectrices, qui font foi jusqu'à preuve contraire.

Ces procès-verbaux sont dressés en double exemplaire, dont l'un est envoyé au préfet du département et l'autre déposé au parquet.

Les dispositions ci-dessus ne dérogent point aux règles du droit commun, quant à la constatation et à la poursuite des infractions à la présente loi.

ART. 21. — Les inspecteurs ont pour mission, en dehors de la surveillance qui leur est confiée, d'établir la statistique des conditions du travail industriel dans la région qu'ils sont chargés de surveiller.

Un rapport d'ensemble résumant ces communications sera publié tous les ans par les soins du Ministre du commerce et de l'industrie.

SECTION VII.— **Commissions supérieure et départementales.**

ART. 22. — Une commission supérieure composée de neuf membres, dont les fonctions sont gratuites, est établie auprès du Ministre du commerce et de l'industrie. Cette commission comprend deux sénateurs, deux députés élus par leurs collègues et cinq membres nommés pour une période de quatre ans par le président de la République.

Elle est chargée :

1º De veiller à l'application uniforme et vigilante de la présente loi ;

2º De donner son avis sur les règlements à faire et généralement sur les diverses questions intéressant les travailleurs protégés ;

3° Enfin, d'arrêter les conditions d'admissibilité des candidats à l'inspection divisionnaire et départementale et le programme du concours qu'ils devront subir.

Les inspecteurs divisionnaires nommés en vertu de la loi du 19 mai 1874 et actuellement en fonctions seront répartis entre les divers postes d'inspecteurs divisionnaires et d'inspecteurs départementaux établis en exécution de la présente loi, sans être assujettis à subir le concours.

Les inspecteurs départementaux pourront être conservés sans subir un nouveau concours.

ART. 23. — Chaque année, le président de la Commission supérieure adresse au président de la République un rapport général sur les résultats de l'inspection et sur les faits relatifs à l'exécution de la présente loi.

Ce rapport doit être, dans le mois de son dépôt, publié au *Journal officiel*.

ART. 24. — Les Conseils généraux devront instituer une ou plusieurs commissions chargées de présenter, sur l'exécution de la loi et les améliorations dont elle serait susceptible, des rapports qui seront transmis au ministre et communiqués à la Commission supérieure.

Les inspecteurs divisionnaires et départementaux, les président et vice-présidents du Conseil de prud'hommes du chef-lieu ou du principal centre industriel du département, et s'il y a lieu, l'ingénieur des mines font partie de droit de ces commissions dans leurs circonscriptions respectives.

Les commissions locales instituées par les articles 20,
21 et 22 de la loi du 16 mai 1874 sont abolies.


ART. 25. — Il sera institué, dans chaque département,
des comités de patronage ayant pour objet :

1° La protection des apprentis et des enfants employés
dans l'industrie ;

2° Le développement de leur instruction professionnelle.

Le Conseil général, dans chaque département, déterminera le nombre et la circonscription des comités de
patronage, dont les statuts sont approuvés, dans le département de la Seine, par le Ministre de l'intérieur et le
Ministre du commerce et de l'industrie, et par les préfets
dans les autres départements.

Les comités de patronage seront administrés par une
Commission composée de sept membres, dont quatre
seront nommés par le Conseil général et trois par le
préfet.

Ils sont renouvelables tous les trois ans. Les membres
sortants pourront être appelés de nouveau à en faire
partie.

Leurs fonctions sont gratuites.

## SECTION VIII. — **Pénalités.**

ART. 26. — Les manufacturiers, directeurs ou gérants d'établissements visés dans la présente loi, qui auront contrevenu aux prescriptions de ladite loi et des règlements d'administration publique relatifs à son exécution, seront poursuivis devant le tribunal de simple police et passibles d'une amende de cinq à quinze francs.

L'amende sera appliquée autant de fois qu'il y aura de personnes employées dans des conditions contraires à la présente loi.

Toutefois,la peine ne sera pas applicable si l'infraction à la loi a été le résultat d'une erreur provenant de la production d'actes de naissance, livrets ou certificats contenant de fausses énonciations ou délivrés pour une autre personne.

Les chefs d'industrie seront civilement responsables des condamnations prononcées contre leurs directeurs ou gérants.

ART. 27. — En cas de récidive, le contrevenant sera poursuivi devant le tribunal correctionnel et puni d'une amende de seize à cent francs.

Il y a récidive lorsque, dans les douze mois antérieurs au fait poursuivi, le contrevenant a déjà subi une condamnation pour une contravention identique.

En cas de pluralité de contraventions entraînant ces

peines de la récidive, l'amende sera appliquée autant de fois qu'il aura été relevé de nouvelles contraventions.

Les tribunaux correctionnels pourront appliquer les dispositions de l'article 463 du Code pénal sur les circonstances atténuantes sans qu'en aucun cas l'amende pour chaque contravention puisse être inférieure à cinq francs.

ART. 28. — L'affichage du jugement peut, suivant les circonstances et en cas de récidive seulement, être ordonné par le tribunal de police correctionnelle.

Le tribunal peut également ordonner, dans le même cas, l'insertion du jugement aux frais du contrevenant dans un ou plusieurs journaux du département.

ART. 29. — Est puni d'une amende de cent à cinq cents francs quiconque aura mis obstacle à l'accomplissement des devoirs d'un inspecteur.

En cas de récidive, l'amende sera portée de cinq cents à mille francs.

L'article 463 du Code pénal est applicable aux condamnations prononcées en vertu de cet article.

## SECTION IX. — Dispositions spéciales.

ART. 30. — Les règlements d'administration publique nécessaires à l'application de la présente loi seront rendus après avis de la Commission supérieure du travail et du Comité consultatif des arts et manufactures.

Le Conseil général des mines sera appelé à donner son avis sur les règlements prévus en exécution de l'article 9.

ART. 31. — Les dispositions de la présente loi sont applicables aux enfants placés en apprentissage et employés dans un des établissements visés à l'article 1er.

ART. 32. — Les dispositions édictées par la présente loi ne seront applicables qu'à la date du 1er janvier 1893.

La loi du 19 mai 1874 et les règlements d'administration publique rendus en exécution de ses dispositions seront abrogés à la date sus-indiquée.

La présente loi, délibérée et adoptée par le Sénat et par la Chambre des députés, sera exécutée comme loi de l'État.

Fait à Paris, le 2 novembre 1892.

SECTION I. — **Article 1er. — Travail industriel. — A quelles personnes et à quels établissements s'applique la loi.**

§ 1er. — **A quelles personnes s'applique la loi.**

La loi s'applique aux enfants, aux filles mineures et aux femmes.

En étendant ses dispositions aux femmes majeures, la loi fait une innovation.

Cette innovation fut loin d'être acceptée sans débats par la Chambre. Quant au Sénat, il la repoussa tout d'abord et il ne la vota finalement qu'après une véritable résistance.

C'est qu'elle comptait à la Chambre aussi bien qu'au Sénat des adversaires déclarés. « Je suis l'adversaire de l'intervention de l'État dans les contrats d'échange, déclarait M. Yves Guyot (séance du 2 juin 1888), lors de la première discussion de l'article 1er, et c'est pour cette raison que je combats toute protection. Je suis également l'adversaire de l'intervention de l'État dans les contrats de travail et si je l'admets à l'égard des enfants et des jeunes filles mineures, je la repousse à l'égard des hommes adultes comme à l'égard des femmes adultes..... A diverses reprises, on a cherché à régler le travail des femmes. Je dois reconnaître qu'au point de vue même de la réglementation, le projet qui nous est présenté est modéré ; il est beaucoup moins rigide qu'en Autriche et beaucoup moins compliqué qu'en Suisse..... Prenez garde, en multipliant des réglementations, de retourner ce que, en 1848, on appelait le droit au travail. Tandis que le sexe masculin demandait et demande encore le droit au travail, prenez garde de l'enlever aux femmes. Elles le demandent et les réglementations que vous voulez mettre dans la loi ont pour conséquence de limiter ce droit au travail ».

M. Andrieux exprimait le même avis dans la séance du 11 juin 1888 :

« Que dit le projet ? Le projet dit à la femme majeure :
tu ne travailleras pas plus de douze heures par jour et
tu ne travailleras pas la nuit.

« Mais, Messieurs, ce que je reproche au projet de ne
pas dire c'est comment vous allez remplacer les salaires
que vous supprimez ainsi.

« Tant que vous n'aurez pas tranché la question des
salaires, il ne me paraîtra pas possible de trancher celle
du travail.

« Si vous assurez les salaires, si vous permettez à ceux
à qui vous allez retirer le travail et par conséquent le
pain, de vivre au moyen d'une subvention de l'Etat, je
vote votre loi ; mais je tiens pour certain que vous ne le
ferez pas. . . . . . . . . . . . . . . . . . . . . . . .

« Vous expropriez les ouvrières d'une partie de leur
travail ; eh bien, il y a dans le Code civil un article 545
qui dit que « nul ne peut être contraint d'abandonner
» sa propriété, si ce n'est moyennant une juste et préa-
» lable indemnité ».

« Ici ce n'est pas d'une maison ou d'un coin de terre
que vous allez exproprier l'ouvrière, c'est d'une propriété
qui est inhérente à l'être humain, la plus respectable de
toutes, du droit de vivre de son travail. Quelle est l'indemnité que vous allez donner à ces dernières, quelle est
la juste et préalable indemnité que vous allez leur offrir ? »

Voilà quel était le langage des adversaires de l'extension aux femmes des prescriptions de la loi. Voyons
quel était celui des partisans de cette innovation.

M. Richard Vaddington, rapporteur, était au premier rang de ceux-ci et le discours qu'il prononça, le 2 juin 1888, est un des plus remarquables parmi ceux, et il y en eut beaucoup, qui furent prononcés au cours de cette longue discussion de six années.

On nous permettra d'en faire une large citation. « Victor Hugo a dit que le degré de civilisation d'une nation se mesure au degré de protection qu'elle accorde aux femmes et aux enfants. Eh bien ! si vous jetez un coup d'œil sur les nations européennes qui sont nos voisines et en même temps nos rivales en industrie, vous verrez que certaines d'entre elles ont pris les devants dans cette question de législation. Or toujours le législateur étranger a commencé par s'occuper de l'enfant, rien de plus naturel et de plus juste, et ensuite il a été forcément amené à s'occuper du sort de la femme. A quoi sert en effet de protéger l'enfant si vous ne protégez pas la femme, si vous ne reconstituez pas la vie de famille, si vous ne suspendez pas le travail de la femme justement à l'heure où ses soins sont indispensables pour l'élève et l'éducation de cet enfant que vous voulez protéger ? Protéger l'enfant et ne pas protéger la femme, c'est un non-sens ».

M. Waddington passe en revue les législations anglaise, autrichienne, suisse, allemande, russe et belge, examine l'état de la législation française et continue ainsi :

« J'aborde maintenant la question du travail des femmes.

« Je vous demande d'abord, Messieurs, la permission de dire quelques mots sur l'organisation du travail des femmes dans les usines et manufactures, — je serai très bref, car je crois que nous sommes presque d'accord sur ce point — et ensuite sur la question, plus délicate, du travail dans les ateliers.

« Dans les usines et manufactures, le travail de nuit, d'après la loi de 1874, je viens de le dire, est interdit aux filles mineures seulement, il ne l'est pas aux femmes. De là une difficulté très grande dans l'inspection. Heureusement le travail de nuit des usines et manufactures est assez rare. C'est l'exception, la grande exception. Pourtant, dans certaines industries, les rapports des inspecteurs divisionnaires en font foi, cet abus se produit.

« Je pourrais citer, par exemple, des filatures de laine où l'on a toujours à forcer la production outre mesure par moments et où l'on a organisé en certaines saisons le travail de nuit. Il en a été de même dans l'industrie cotonnière dans certaines parties de la France.

« Les inspecteurs sont entrés dans les usines ; ils ont cherché à faire observer la loi et ont dressé un certain nombre de procès-verbaux, mais la constatation est difficile. Il faut, en effet, exiger de la fille mineure la présentation d'un livret. Or il y a de la part des ouvrières une certaine répugnance à se munir de cette pièce. Imitant en cela l'exemple de l'ouvrier, la fille mineure de 18 à 20 ans, trouve indiscrètes les questions posées sur son âge et considère l'obligation du livret comme une atteinte portée à son indépendance. Elle ne comprend pas bien le motif de bienveillance qui a guidé le législateur, lorsqu'il a exigé cette attestation. Comment sans ce livret constater l'âge exact de la jeune fille ? Comment constater si elle est mariée ou non ?

« D'autre part, ne vous paraît-il pas que les distinctions subtiles entre les filles mineures et les femmes sont absolument illogiques ?

« Si vous voulez faire porter votre protection sur une catégorie de personnes plus spécialement que sur une autre, est-ce que ce n'est pas la femme mariée qu'il faut protéger pour qu'elle puisse surveiller sa famille et entretenir le bon ordre dans son intérieur ?

« Est-ce que ce n'est pas le travail de nuit pour la femme mariée qui est en contradiction absolue avec l'existence de la famille que nous voulons maintenir et consolider ?

« Et si dans l'espèce il y avait une catégorie à protéger plus particulièrement qu'une autre, ce doit être, ce me semble, bien plus la femme mariée que la fille mineure qui est beaucoup plus indépendante et dont le travail affecte beaucoup moins le bien-être de sa famille.

« Eh bien... dans les usines et les manufactures le travail de nuit est l'exception et, malgré les inconvénients, que je vous ai signalés, le mal a diminué depuis l'application de la loi de 1874. Mais là où les abus se commettent, vous le savez comme moi, c'est dans les petits ateliers. Ici je prie la Chambre de m'accorder toute son attention, nous sommes dans la partie la plus délicate de la question ; nous nous occupons du travail de la femme et il n'y a pas d'intérêt plus considérable, plus sacré qui nous soit confié. En effet la femme ne peut pas se protéger elle-même.

« Elle n'a pas de syndicat professionnel pour s'organiser, pour défendre son salaire, ses heures de travail. La femme est un mineur. En notre qualité de législateurs ne sommes-nous pas ses tuteurs ? N'est-il pas nécessaire que nous prenions d'elle tous les soins possibles ? Ne devons-nous pas nous consacrer à ce devoir que j'ai appelé sacré — ce mot je le maintiens, — ne devons-nous pas protéger sa vie, son existence, sa santé, son bien-être ? Dans les ateliers où la femme ne s'occupe que du travail à l'aiguille pour lequel elle est le plus apte ; dans les ateliers consacrés aux travaux qui rentrent plus spécialement dans ses moyens, dans les ateliers de couturières, de modistes, de fleuristes, de giletières, de corsetières, de lingères dont on parlait tout à l'heure, comment ce travail est-il organisé ?

. . . . . . . . . . . . . . . . . . . . . . . . . . . .

« La révolution qui s'est faite dans l'industrie s'est produite également dans l'organisation du travail dans les petits ateliers. Vous le savez, le travail à main, le travail dans la famille a été remplacé tout d'abord par

de petites manufactures, par de. petits. ateliers dirigés
par de petits patrons. Cette première phase disparaît
pour faire place à un nouveau mouvement. Aujourd'hui
la tendance de l'industrie, malheureuse, je le reconnais,
mais inéluctable, pour ainsi dire, se prononce pour l'organisation de la grande industrie, en maisons puissantes réunissant des capitaux considérables souvent sous
le nom de sociétés anonymes, et par conséquent oppo-
sant, dans tout ce qu'il y a de plus choquant et de plus
brutal, le capital au travail, créant cet antagonisme,
qui, permettez-moi de le dire, n'existe pas au même degré aigu, quand le représentant du capital est un patron
qui travaille avec ses ouvriers, les apprécie, vit au milieu d'eux, a un contact journalier et connaît leurs besoins et leur existence.

. . . . . . . . . . . . . . . . . . . . . . . . . . . . . . .
. . . . . . . . . . . . . . . . . . . . . . . . . . . . .

« Savez-vous ce que c'est qu'un atelier ? Vous qui par-
lez de la liberté des femmes, est-ce que ce n'est pas plutôt l'exploitation de la femme que vous voulez, bien
malgré vous, défendre ?

« Savez-vous ce que c'est qu'un atelier de couture
dans les faubourgs excentriques de Paris, à Montmartre
ou à Belleville ? Eh bien, je vais vous le dire. Imaginez-
vous une chambre petite, en général, mal aérée, encom-
brée d'étoffes, le plancher couvert de ces débris de travail qui sont l'accessoire inséparable d'un atelier de
couture ou de confection, un poêle ou un appareil à gaz
pour chauffer les carreaux ou les fers.

. . . . . . . . . . . . . . . . . . . . . . . .

Cette petite chambre est éclairée par deux ou trois lampes à gaz, et dans cette étroite demeure, voisine de la chambre à coucher du patron, de sa salle à manger, s'il y en a une, ou de sa cuisine, vous voyez entassées douze ou quinze femmes. Ces femmes travaillent toute la journée, et quand il s'agit de veiller, elles prolongent leur travail jusqu'à minuit, deux heures et même trois heures du matin.

« Quelle est cette existence, Messieurs ? Est-ce que nous pouvons supporter cet abus? Est-ce qu'il n'y a pas là matière à intervention ? Après un séjour prolongé dans l'atelier que je viens de décrire, dans une atmosphère des plus viciées, que devient cette femme quand elle sort ? Si la sortie s'effectue à onze heures, elle est accompagnée jusqu'à son domicile par un frère, par un mari, par un ami ; mais si la veillée se prolonge trop longtemps, elle ne retourne pas chez elle. Le mari est habitué à cet état de choses ; quand il rentre et qu'il ne trouve plus sa femme, il dit : je sais ce que c'est, il y a veillée aujourd'hui à l'atelier.

« Quant à la femme, après avoir veillé, elle prend un repos de deux ou trois heures sur un canapé, ou sur un siège quelconque, on lui sert des stimulants, beaucoup de café, c'est la boisson principale et l'élément le plus important du repas des femmes qui travaillent dans ce genre d'industrie, puis à huit ou neuf heures du matin elle recommence la journée.

« Au nom de l'intérêt social, au point de vue du devoir que nous avons envers les faibles, envers les femmes dont nous sommes les tuteurs légaux, croyez-vous qu'il soit bon que l'inspecteur soit absolument désarmé, qu'il vienne dans cet atelier, qu'il regarde ce travail, qu'il assiste à ce triste spectacle et qu'il s'en aille désarmé?

« En effet la loi de 1874 ne vise que le travail des enfants, des filles mineures dans les usines et manufactures. Evidemment l'atelier est placé en dehors de cette loi. On a publié des volumes pour distinguer entre l'usine et l'atelier. D'après la jurisprudence et au point de vue légal, je crois que la distinction qui a été faite est parfaitement exacte ; cet atelier que je décrivais tout à l'heure ne peut pas être considéré comme une usine ou une manufacture. L'inspecteur ou l'inspectrice ne peut intervenir que si on emploie des filles âgées de moins de seize ans et je n'ai pas besoin de vous le dire, c'est l'exception, presque jamais les enfants ne sont employés dans ces occasions ».

Puis, après avoir traité la question de la veillée, le rapporteur terminait ainsi son discours :

« Je ne puis m'empêcher de vous mettre sous les yeux un passage du discours d'un homme qui a certainement de l'autorité auprès de nos honorables contradicteurs, je parle de M. Wolowski qui a soutenu devant l'Assemblée nationale de 1873 avec énergie, chaleur et conviction, la cause que je plaide en ce moment à la tribune, M. Wolowski disait : « N'oubliez pas, puisqu'on parle de la liberté de la femme, que sa condition n'est pas égale à celle de l'homme. Je ne suis pas de ceux qui voudraient la rendre égale. Je ne suis pas pour les systèmes qui veulent confondre dans l'attribution des mêmes droits les deux sexes ; mais c'est justement parce que je crois que la loi politique a bien fait de distinguer les droits des femmes des droits des hommes que nous sommes tenus à plus d'attention et de respect lorsqu'il s'agit de donner protection à la femme. Nous disposons de la femme sans la femme ; nous disposons d'elle sans lui reconnaître aucun droit ; nous nous érigeons en tuteurs, exerçons cette tutelle d'une manière large et favorable à la condition des femmes ». Voilà, en termes énergiques le résumé de la théorie que je vous apportais tout à l'heure..... Ce que nous vous demandons de faire aujourd'hui, c'est de voter la loi qui a été adoptée en 1848 par la Chambre des Pairs, qui a été votée en première lecture par l'Assemblée nationale et ici même, dans cette Chambre, en 1881, par une majorité écrasante. Nous vous demandons d'étendre ces mesures de protection à ces femmes dont je vous ai décrit le sort pénible, malheureux, épouvantable. Messieurs nous avons un devoir sacré que nous devons remplir, et devant l'accomplissement duquel j'espère que la Chambre ne reculera pas ».

Ainsi parlait le rapporteur du projet de loi et plu-

sieurs députés tinrent le même langage. M. Lyonnais,
après avoir cité l'opinion de certains économistes, con-
tinuait ainsi : « Voulez-vous que je vous donne une autre opinion — et ce sera la dernière — l'opinion de Brentano ? Encore un économiste qui a le souci de la liberté
individuelle, mais lorsqu'il parle de la femme, il sait
qu'il faut distinguer : « ..... L'intervention de l'État
est donc ici indispensable en raison de la grande influence exercée par les femmes sur la santé et sur l'éducation
des générations à venir, ainsi que sur la moralité des
maris ».

« Eh ! oui retenez donc cette conclusion de Brentano :
elle est prise sur le vif ; il faut que la femme ne déserte
pas son foyer ou ne le quitte que le moins souvent possible ; et pourquoi ? C'est parce que la femme est l'élément essentiellement moralisateur, non pas seulement
vis-à-vis de ses enfants, mais vis-à-vis du mari. Quand
la femme va à l'atelier, qu'elle reste douze, quatorze ou
quinze heures, le mari et la femme finissent par ne plus
même se connaître, et cette influence moralisatrice que
la femme exerce avec ce tact et le charme qui est dans
sa nature disparaît complètement.. . . . . . . . . . .

« Il y a des patrons qui pensent exactement comme les
économistes dont je vous ai lu divers extraits. Ecoutez
ce que dit M. Brunner, l'un des plus grands manufacturiers de la Suisse : « Moins par la faute des hommes
que par la force des choses, la grande industrie désor-
ganise la vie de famille et comme conséquence la so-

ciété tout entière. Telle qu'elle est aujourd'hui consti-
tuée, elle crée une race abatardie au point de vue physique, intellectuel, moral, économique, et qui va s'affai-
blissant encore de génération en génération. Elle tend
de plus en plus à supprimer la classe moyenne et à di-
viser ainsi la population. Elle sape les fondements de
la commune, de l'État et de la République ». Voilà ce
que pense un grand patron qui emploie des femmes.
Son opinion a bien quelque valeur ».

Enfin M. le comte A. de Mun, parlant dans le même
sens, prononçait ces belles et généreuses paroles :

« En réalité la discussion générale, qui avait à peine
eu lieu, s'est rouverte sur l'article 1ᵉʳ, comme cela était
inévitable et par la force même des choses.

« On en est venu bien vite à toucher le fond même du
débat qui est la question de savoir si le pouvoir public
a le droit d'intervenir dans le contrat de travail ; et on a
vu immédiatement aux prises, comme cela se produira
probablement plusieurs fois pendant le cours de la discussion, les économistes de principe qui sont les adversaires de toute réglementation du travail et ceux qui,
au contraire, à des degrés divers, admettent et désirent
cette réglementation soit pour les enfants et les femmes
seulement, soit aussi pour les hommes ».

M. de Mun rappelle quelles sont, suivant lui, les raisons de principe qui justifient l'intervention du pouvoir,
et il ajoute : « Et puis il faut aller plus loin ; la civilisation, si c'est le nom que mérite une pareille évolution

de la vie économique, a entraîné avec elle une situation
nouvelle qui frappe tous les yeux, qui s'aggrave chaque
jour et qui, à bien d'autres points de vue, doit inquiéter
les esprits attentifs ; c'est le recours nécessaire et forcé
aux associations de capitaux.

« La société anonyme est née de cette nécessité : elle
devient de plus en plus la condition du travail.

« Le patron qui vit avec ses ouvriers, qui les connaît,
qui les aime, qui voit leurs souffrances, disparaît pour
faire place au capital impersonnel sans nom et souvent
sans patrie.

« Et alors, dites-moi, où est le cœur, où est l'humanité
de la société anonyme ? Elle n'en a pas, elle ne peut pas
en avoir.

« L'agent qui la représente ne peut même pas céder à
ses propres inspirations : son devoir est de faire rendre
à l'entreprise tout ce qu'elle peut donner, de grossir les
dividendes, et il faudra bien pour cela, si la concurrence
le commande, qu'il augmente les heures de travail, qu'il
emploie sans hésiter les femmes et les enfants.

« Et si le législateur n'est pas là pour intervenir, pour
empêcher les abus, dites-moi qui les arrêtera ?

. . . . . . . . . . . . . . . . . . . . . . . . . . . .

« Messieurs, les paroles que j'apporte ici, je les couvre
d'une autorité qui, pour moi, est profondément respectable, et qui l'est pour tous par la grandeur de la pensée
et par la hauteur de l'éloquence, je les couvre du nom de
Lacordaire qui parlant du travail et montrant cette lutte

formidable où se rencontrent dans l'histoire du monde les maîtres et les serviteurs, les grands et les petits, s'é-criait : « entre le fort et le faible, c'est la liberté qui opprime et c'est la loi qui affranchit ».

En résumé, les adversaires de la réglementation du travail des femmes disaient : la femme serait assurément mieux dans sa maison qu'à l'atelier ou à l'usine, mais il faut bien qu'elle gagne sa vie. Trop souvent hélas ! le salaire du mari est insuffisant pour nourrir toute une famille. Quant à la jeune fille sans famille ou à la femme veuve, qui prendrait donc soin d'elles, qui donc leur fournirait leur subsistance si elles ne pouvaient pas travailler librement ?

Les partisans de l'extension de la loi aux femmes répondaient : La femme est en fait une mineure, elle ne traite pas avec le patron sur un pied d'égalité. Le pouvoir lui doit sa protection tutélaire.

Et puis surtout l'intérêt public réclame, exige cette protection. La femme est la gardienne des générations à venir et les nations étrangères ont bien su comprendre le devoir de protection qui, de ce chef, incombe au pouvoir social.

Les partisans de la réglementation du travail des femmes étaient en majorité à la Chambre et ils se recrutaient dans tous les rangs. Lors de la première délibération, le texte de la Commission portant les mots « et les femmes » fut adopté par 308 voix contre 191 (séance du 11 juin 1888).

Il n'en alla pas de même au Sénat. Dans la séance du 4 juillet 1889, les sénateurs votèrent bien sans discussion l'article 1er. Mais plus tard, quand le Sénat s'occupa de nouveau du projet, la discussion fut vive et la résistance des sénateurs fut longue, surtout à propos des articles 3 et 4. Quoi qu'il en soit, le Sénat finit par céder et ainsi fut réalisée cette importante innovation de l'extension aux femmes des prescriptions de la loi.

En examinant les articles 3 et 4, nous retrouverons aux prises les mêmes opinions contraires et nous verrons se produire pour la réglementation et contre la réglementation les mêmes arguments que nous venons d'énoncer, à côté de quelques raisons nouvelles.

Demandons-nous maintenant quelles sont les femmes auxquelles la loi s'applique.

Ce sont toutes les femmes majeures de vingt et un ans, qu'elles soient mariées ou non. Il résulte soit de la discussion, soit du texte de la loi que le législateur a entendu ne faire aucune distinction entre la femme célibataire, la femme mariée et la femme veuve ou divorcée.

Quant aux filles mineures, c'est-à-dire n'ayant pas encore atteint leur vingt et unième année, peu importe qu'elles soient mariées ou non. La fille mineure mariée est soumise aux prescriptions de la loi. Il y a là une dérogation notable au principe d'émancipation de la femme par le mariage. Cela résulte clairement non pas du texte de la loi, mais des travaux préparatoires.

Enfin les enfants dont la loi s'occupe sont les enfants qui ont douze ans ou plus de douze ans et moins de dix-huit ans.

La qualification d'enfant ne s'applique ni à la fille qui a plus de dix-huit ans et qui est appelée alors par la loi fille mineure, ni au garçon qui a plus de dix-huit ans et auquel la loi donne alors le nom de travailleur.

Le paragraphe 2 de l'article 1er rend applicables les dispositions de la loi aux étrangers travaillant dans les établissements industriels déterminés par cet article.

C'est dans la séance du 5 juillet 1890 que M. Balsan déposa à la Chambre un amendement, tendant à rendre applicable aux étrangers les dispositions de la loi. La Commission accepta l'amendement qui fut voté et qui est devenu le paragraphe 2 de l'article 1er. La loi de 1892 est une loi de police et de sûreté. Donc les enfants, les filles mineures et les femmes d'origine étrangère qui travaillent dans des établissements industriels réglementés par la loi de 1892 sont soumis à cette loi.

Un amendement avait été déposé à la Chambre, tendant à rendre la loi applicable aux colonies ; mais il ne fut pas discuté. La loi n'est donc applicable qu'au territoire continental français.


### § 2. — A quels établissements s'applique la loi.


Examinons enfin à quels établissements industriels s'applique la loi.

Il résulte du paragraphe 1er de l'article 1er que l'énumération de ces établissements est limitative.

La loi s'applique donc :

Aux usines et à leurs dépendances, aux manufactures et à leurs dépendances, aux mines, minières et carrières et à leurs dépendances, aux chantiers, aux ateliers et à leurs dépendances, que ces établissements soient publics ou privés, laïques ou religieux et même lorsque ces établissements ont un caractère d'enseignement professionnel ou de bienfaisance.

Plusieurs innovations importantes sont contenues dans cet article. On remarquera d'abord que la réglementation est étendue aux dépendances des établissements de travail. Les inspecteurs du travail s'étaient souvent plaints, nous l'avons vu en citant quelques-uns de leurs rapports, de ne pouvoir pénétrer dans les locaux attenants à l'usine ou à l'atelier, par exemple dans les dortoirs des enfants, où les principes de la moralité et de l'hygiène pouvaient ne pas être strictement observés. C'était en effet une lacune regrettable dans la loi de 1874.

Aujourd'hui les inspecteurs ont le devoir de visiter toutes les dépendances d'une manufacture, d'une usine, d'un atelier, d'une carrière, d'une mine ou d'un chantier, c'est-à-dire l'établissement industriel tout entier. C'est ainsi, en effet, qu'il faut entendre le mot : dépendances. Les dépendances sont des locaux qui servent à l'établissement principal. Les tribunaux ont, d'ailleurs, en cette matière, un pouvoir d'appréciation que le législateur n'a pas limité. Il est certain que la surveillance de l'inspecteur s'arrêtera au seuil de la demeure du chef de l'établissement, au seuil des locaux réservés à sa famille, puisque ces locaux ne servent ni au personnel, ni au matériel du travail. Le principe de l'inviolabilité du domicile ne saurait ici souffrir aucune atteinte.

Dans l'énumération limitative de l'article 1er, ne figurent ni les bureaux, ni les boutiques, ni les magasins. La loi n'ayant pour but que la réglementation du travail industriel, c'est-à-dire du travail qui s'exerce sur des matières premières, du travail créateur d'objets qui vont servir à l'échange, au commerce de gros ou de détail, la loi ne pouvait s'appliquer aux bureaux où la nature du travail est complètement différente.

Un amendement qui tendait à englober les bureaux dans l'énumération des établissements visés fut d'ailleurs repoussé. L'intention du législateur n'est donc pas douteuse sur ce point.

Elle ne l'est pas davantage en ce qui concerne les magasins, car cet amendement les visait également.

C'est dans la séance de la Chambre du 5 juillet 1890 que M. Dumay déposa cet amendement. Bien que l'amendement fut repoussé par la Commission et par la Chambre, M. Dumay ne se tint pas pour battu et le 27 janvier 1891 il déposait de nouveau le même amendement qui fut repoussé par une majorité plus forte que la première fois.

La seconde innovation accomplie par le paragraphe 1ᵉʳ
de l'article 1ᵉʳ est relative aux établissements ayant un
caractère d'enseignement professionnel ou de bienfaisance.

Nous avons vu que la loi de 1874 avait laissé ces établissements en dehors de son application. Le rapporteur de cette loi, M. Vallon, avait formellement déclaré
que la loi ne s'appliquait pas aux orphelinats.

Nous avons vu aussi dans quel sens la Cour de cassation s'était prononcée sur ce point. Elle n'avait admis
la surveillance de la loi que dans le cas où ces établissements de bienfaisance se livraient à un travail industriel, dans un but de spéculation.

La loi de 1892 fait plus que la jurisprudence de la
Cour suprême n'avait fait. Elle n'admet aucune exception et soumet à son application tous les établissements
de bienfaisance ou d'enseignement professionnel laïques ou religieux, tels que orphelinats, ouvroirs, maisons d'apprentissage.

Nous ne faisons aucune difficulté de reconnaître
qu'en étendant aux établissements d'enseignement professionnel ou de bienfaisance l'application de la loi, le
législateur a fait œuvre utile. Le travail des enfants
doit être protégé, quel que soit le nom de la maison où
le travail est exécuté. Mais qu'on veuille bien l'observer, l'intention de la loi est claire et précise. C'est le
travail que la loi a pour but de réglementer, ce n'est ni
la bienfaisance, ni l'enseignement. Donc la loi ne s'ap-

pliquera et l'inspecteur n'interviendra qu'autant que les enfants, les filles mineures et les femmes admis dans un établissement de bienfaisance ou d'enseignement professionnel se livreront effectivement à un travail industriel.

Pour clore l'énumération des établissements soumis à la réglementation, disons que la loi de 1892 s'applique aux manufactures de l'État. Cela résulte de l'article 1er qui déclare la loi applicable à tous les établissements industriels, de quelque nature qu'ils soient. Cela résulte plus clairement encore de la Circulaire du Ministre du commerce du 19 décembre 1892.

Si la loi nouvelle est formelle quand elle veut désigner les établissements industriels soumis à ses prescriptions, elle ne l'est pas moins lorsqu'elle entend formuler une exception.

C'est ainsi que dans le paragraphe troisième de l'article 1er, elle place en dehors de sa sphère d'application les ateliers de famille.

La loi de 1874 n'avait rien édicté de précis au sujet des ateliers de famille, mais la jurisprudence, se fondant sur les travaux préparatoires qui ne semblaient pas laisser place au doute, avait admis que la loi ne s'appliquait pas à ces ateliers.

La loi de 1892 a consacré cette jurisprudence et précisé ce qu'il faut entendre par atelier de famille :

« Sont exceptés, dit l'article 1er, les travaux effectués

dans les établissements où ne sont employés que les membres de la famille sous l'autorité soit du père, soit de la mère, soit du tuteur ».

Toutefois, ce paragraphe ne fut pas admis sans discussion.

Dans la séance du 5 juillet 1890, à la Chambre, M. Antide Boyer en demanda la suppression ; mais la Commission n'y consentit pas et la Chambre suivit la Commission.

Au Sénat une discussion assez vive s'engagea sur cette question, dans la séance du 6 juillet 1891. Plusieurs amendements furent déposés et renvoyés à la Commission et, dans la séance du 9 juillet 1891, après une nouvelle discussion, l'amendement de M. Maret fut adopté. Cet amendement exemptait les ateliers de famille, même quand des étrangers travaillaient avec les membres de la famille.

Cependant dans la séance du 26 octobre de la même année, M. Waddington ayant demandé au Sénat de revenir à la rédaction proposée en premier lieu par la Commission, M. Tolain appuya la demande de M. Waddington et le Sénat adopta cette rédaction déjà votée par la Chambre et qui est devenue la rédaction définitive.

Pour qu'on soit donc en présence d'un atelier de famille, il est nécessaire que ceux qui travaillent soient tous sous l'autorité du père, de la mère ou du tuteur qui les emploie, il faut qu'ils soient ses enfants ou ses pupilles.

Le texte est formel à cet égard.

Nous disons « sous l'autorité du père, de la mère ou du tuteur » ; il faut que le père, la mère ou le tuteur soit, dans la circonstance, chef d'industrie, directeur ou contrôleur immédiat du travail. Peu importe du reste que le père ou le tuteur travaille ou ne travaille pas en même temps que les enfants.

Cette exemption créée par le législateur au profit de l'atelier de famille nous paraît excellente. Elle est une application du respect que l'État devrait toujours savoir garder envers l'autorité du chef de famille, quand cette autorité ne s'exerce pas au détriment de l'hygiène, de la morale ou des droits de la conscience. Elle est aussi une application du respect du domicile privé dont les pouvoirs publics ne devraient jamais franchir le seuil sans une incontestable nécessité.

Néanmoins cette exemption dont bénéficie l'atelier de famille n'est pas absolue. Le législateur a réservé aux inspecteurs le droit d'intervenir dans deux cas : 1° lorsque le travail s'exécute dans l'atelier de famille à l'aide de chaudière à vapeur ou de moteur mécanique ; 2° lorsque l'industrie est classée au nombre des établissements dangereux ou insalubres. Seulement l'inspecteur n'a, dans ces deux cas, qu'un droit limité, celui « de prescrire les mesures de sécurité et de salubrité à prendre, conformément aux articles 12, 13 et 14 ».

Nous verrons, en examinant ces articles, quelles sont ces mesures. Les inspecteurs n'ont donc pas le droit de

rechercher si dans ces ateliers de famille les prescriptions relatives à l'âge d'admission, à la limitation de la
journée, etc., sont ou non appliquées.

Ils n'ont qu'un devoir : s'occuper de la salubrité et de
la sécurité.

Cette intervention de l'inspecteur dans l'atelier de famille n'a souffert aucune discussion lorsqu'il s'est agi
des établissements dangereux ou insalubres. On n'aurait pas compris qu'il en eût été autrement.

Il eût été inhumain en effet de ne pas protéger dans
ce cas l'enfant, même dans l'atelier de son père ou de
son tuteur.

Mais quand on parla du travail, dans le même atelier
de famille, à l'aide de chaudière à vapeur ou de moteur
mécanique, une discussion s'engagea immédiatement.

Lors de la première délibération, à la Chambre, du
projet de loi déjà voté par le Sénat, c'est-à-dire dans la
séance du 5 juillet 1890, M. Balsan, appuyé par M. Aynard, député du Rhône, avait déposé un amendement
tendant à supprimer la partie du paragraphe relative
au travail à l'aide de chaudière à vapeur ou de moteur
mécanique.

Le rapporteur s'était opposé à l'amendement et le texte
de la commission avait été adopté.

Dans la séance du 27 janvier 1891, lors de la seconde
délibération du projet adopté par le Sénat, M. Aynard
déposa et soutint un amendement semblable à celui qu'a-
vait précédemment déposé M. Balsan. « Je ne suis nul-

lement opposé, disait-il, à l'inspection spéciale et limitée. Je demande seulement à la Chambre de ne pas appliquer la réglementation générale aux ateliers de famille. J'ignore quel est l'avenir de ces ateliers. Mais je sais qu'il en existe à Paris, à Lyon, à St-Étienne, dans le Nord et dans le département de l'Ain, dans une petite ville qui s'appelle Oyonnax où des applications très heureuses de moteurs électriques ont été couronnées de succès. Ces moteurs sont employés par des industriels minuscules qui travaillent souvent avec leur famille ».

Et comme le rapporteur, M. Émile Jamais, combattait l'amendement, M. Aynard montait de nouveau à la tribune pour affirmer qu'il n'existe pas de petits ateliers mus par des chaudières à vapeur.

M. le Comte de Mun soutint l'amendement de M. Aynard, et ce ne fut pas en vain, car, mis aux voix au scrutin public, l'amendement fut adopté par 289 voix contre 208.

Mais le Sénat défit ce qu'avait fait la Chambre. Dans la séance du 9 juillet 1891, il adopta le deuxième paragraphe d'un amendement déposé par M. Frédéric Petit et ainsi conçu : « Néanmoins si le travail s'y fait à l'aide de chaudière à vapeur ou de moteur mécanique, l'inspecteur aura le droit de prescrire les mesures à prendre pour assurer la sécurité des personnes conformément à l'article 14 ».

La discussion ne se renouvela pas à la Chambre et ce paragraphe prit corps dans l'article 1er.

### § 3. — La loi ne s'applique qu'au travail industriel.

Si maintenant, en terminant l'examen de l'article 1er, nous cherchons à bien préciser le genre de travail auquel s'applique la loi, nous voyons qu'elle ne s'applique qu'au travail industriel.

L'article 1er, il est vrai, n'emploie pas cette expression « travail industriel », mais on ne la chercherait pas vainement dans le texte de la loi, car elle se trouve dans l'article 21 dont la première partie est ainsi conçue : « Les inspecteurs ont pour mission, en dehors de la surveillance qui leur est confiée, d'établir la statistique des conditions du travail industriel dans la région qu'ils sont chargés de surveiller ».

En outre les travaux préparatoires prouvent surabondamment que le travail industriel est le seul travail visé par le législateur.

Ainsi donc le travail agricole ne saurait, en aucune manière, tomber sous l'application de la loi.

M. Waddington avait déclaré, dans son rapport, que la loi ne s'appliquerait pas : « au travail des champs, que personne ne cherche à réglementer ».

Et cela se conçoit sans peine. Les conditions du travail agricole, du travail en plein air sont entièrement différentes, au point de vue de la santé, du travail dans la manufacture, l'usine ou l'atelier. Et puis le travail agricole et le travail industriel tendent à des buts différents : l'un a pour but la culture de la terre, la récolte des produits directs du sol, l'élevage du bétail ; l'autre a pour but la manipulation, la transformation des produits directs du sol ou des animaux.

Aussi bien la loi de 1892 n'a rien innové en cette matière. La loi de 1874 avait fait, elle aussi, la distinction nécessaire entre le travail agricole et le travail industriel. Lors de la discussion de cette loi on avait considéré comme travail agricole le travail du sabotier et du boisselier, et on l'avait, en conséquence, exclu de la surveillance des inspecteurs.

Un avis de la commission supérieure, du 16 juillet 1876, avait aussi fait rentrer dans le travail agricole le sarclage et l'arrachage des plantes oléagineuses.

En 1880, le 12 octobre, une instruction ministérielle avait considéré comme échappant aux dispositions de la loi les enfants employés par les maraîchers « lorsque leur travail consistait uniquement à éplucher et à parer des légumes destinés à la vente ».

Toutes ces décisions nous semblent justes parce qu'elles sont conformes à l'explication que nous avons donnée du travail agricole.

Donc, nous le répétons, tout ce qui est exclusivement travail agricole est en dehors de la sphère d'application de la loi. Mais, sans aucun doute, la loi serait applicable, dans le cas où, à côté du travail agricole, se trouverait un travail industriel parfaitement distinct du premier.

C'était la pensée que le rapporteur de la loi exprimait en ces termes : « Tous les cas qui comprennent le travail dans les établissements industriels tombent nécessairement sous l'application de la loi, alors même que ce travail industriel serait la suite d'un travail agricole ».

Ainsi, il n'est pas discutable que le cas d'un agriculteur annexant à son exploitation agricole une distillerie pour la transformation de ses produits soit un cas qui tombe sous l'application de la loi. Il y a là un travail industriel qui peut être séparé du travail agricole et qui en est, par conséquent, distinct.

Au contraire un doute peut s'élever, quand on considère un travail agricole qui s'exécute avec des moyens industriels tels que des machines à vapeur. La loi s'applique-t-elle dans ce cas?

La question s'était posée déjà, au lendemain de la loi de 1874, et MM. Nusse et Perrin, dans leur Commentaire de cette loi, avaient tranché la question par la négative (1).

M. G. Lagrésille, dans son *Commentaire de la loi de 1892* résout au contraire la question par l'affirmative. Il voit dans cet emploi par l'agriculteur d'un moyen mécanique « un travail véritablement industriel, présentant non seulement au point de vue de la santé mais aussi au point de vue de la sécurité de ceux qui l'exécutent, de sérieux inconvénients (2) ».

(1) Nusse et Perrin, n° 57.
(2) G. Lagrésille, p. 50.

Nous croyons plutôt, quant à nous, que la solution donnée par MM. Nusse et Perrin doit être préférée. Elle a été d'ailleurs admise par la jurisprudence et notamment par un jugement du tribunal de Valenciennes, du 21 novembre 1890. Il nous paraît plus conforme à l'esprit et au texte de la loi de refuser aux Inspecteurs le droit de contrôler les travaux des champs, même quand il existe sur le terrain de l'exploitation agricole des charrues ou des machines à battre actionnées par la vapeur.

En résumé, la loi ne s'applique pas plus au travail agricole qu'elle ne s'applique au travail artistique, littéraire, scientifique ou domestique. Elle s'applique uniquement au travail industriel et, nous pensons avoir suffisamment expliqué ce qu'il faut entendre par ces mots.

### SECTION II. — **Article 2 : Age d'admission au travail.**

Deux innovations sont contenues dans l'article 2 qui énonce les conditions d'admission dans les établissements industriels. La première est relative à l'âge d'admission fixé en principe à treize ans. La seconde concerne le certificat d'aptitude physique exigé des enfants admis exceptionnellement au travail, à l'âge de douze ans.

La loi de 1874 fixait l'âge d'admission à douze ans et

n'exigeait aucun certificat d'aptitude physique. Cependant elle permettait le travail des enfants de dix ans, pourvu que ce travail n'excédât pas six heures. On avait appelé ce système, le système du demi-temps. C'est d'Angleterre que ce système nous était venu, mais il n'avait pas répondu à ce qu'on attendait de lui. L'obligation scolaire rendait très difficile le devoir de surveillance qui incombait aux patrons. Bref le travail du demi-temps était condamné par l'expérience ; le législateur de 1892 le supprima et fit bien.

Aujourd'hui, il y a concordance entre la loi sur la protection du travail des enfants et la loi du 28 mars 1882 sur l'instruction obligatoire.

Cette dernière loi soumet les enfants à l'obligation de scolarité jusqu'à l'âge de treize ans, à moins qu'ils n'aient obtenu le certificat d'études primaires. La loi du 2 novembre 1892, de son côté, ne permet aux enfants âgés de douze ans, de travailler dans les établissements industriels qu'autant qu'ils ont obtenu le certificat d'études primaires.

La loi de 1892, avons-nous dit, fixe en principe à treize ans l'âge d'admission. Cette limite de treize ans avait été proposée par la Commission à la suite de la grande enquête dont nous avons parlé.

Quelques membres de la Chambre auraient voulu que la limite fut reculée jusqu'à l'âge de quatorze ans, et dans la séance du 11 juin 1888, M. Antide Boyer déposa un amendement dans ce sens. Mais l'amendement combattu par le rapporteur, fut repoussé à la majorité de 410 voix contre 91.

Cet amendement fut repris par M. Ferroul, le 27 janvier 1891 ; repoussé de nouveau par la Commission, il le fut aussi par la Chambre.

C'est ici le lieu de faire observer que le paragraphe 1er de l'article 2 n'interdit pas aux enfants âgés de moins de treize ans d'entrer dans les établissements de bienfaisance ou d'enseignement professionnel. Ce qu'il prohibe uniquement, c'est le travail industriel, le travail salarié de ces enfants qui n'ont point encore treize ans.

Tel est bien l'esprit de la loi et nous en avons pour garant le langage même du rapporteur.

Comme Mgr Freppel, le 5 juillet 1890, c'est-à-dire au moment de la première délibération du projet adopté par le Sénat, avait déposé un amendement tendant à supprimer dans le paragraphe 1er les mots : « ni être admis » qui semblaient viser les orphelinats, le rapporteur, M. Waddington proposa, pour donner satisfaction au député du Finistère, d'ajouter aux mots : « ni être admis » ceux-ci : « au travail » et cette modification fut acceptée.

L'entrée des orphelinats, des ouvroirs et de tous autres établissements d'enseignement professionnel ou de bienfaisance reste donc permise aux enfants âgés de moins de treize ans.

Le paragraphe 6 et dernier de l'article 2 le déclare non moins formellement que le paragraphe 1er. Il est ainsi

conçu : « Dans les orphelinats et institutions de bienfaisance visés à l'article 1er et dans lesquels l'instruction primaire est donnée, l'enseignement *manuel* ou
*professionnel* pour les enfants âgés de moins de treize
ans, sauf pour les enfants âgés de douze ans munis du
certificat d'études primaires, ne pourra pas dépasser trois
heures par jour ».

L'instruction primaire sera donnée à ces enfants, le
travail sera manuel ou professionnel, c'est-à-dire le travail sera de nature à être considéré comme un enseignement, comme une leçon, enfin ce travail ne dépassera
pas trois heures par jour, voilà les conditions requises
par la loi. Tout travail salarié est exclu du bénéfice de
ce paragraphe.

La limite de treize ans, voilà le principe posé. Mais à
côté du principe apparaît l'exception. « Toutefois, énonce
le paragraphe 2 de l'article 2, les enfants munis du certificat d'études primaires institué par la loi du 28 mars
1882 peuvent être employés à partir de l'âge de douze
ans ».

Cette disposition de la loi ne passa pas sans débats.
Le 11 juin 1888, M. Camelinat en demanda la suppression « afin, disait-il, que tous les enfants ne puissent
être admis dans les usines et manufactures qu'à l'âge
de treize ans ». Mais le paragraphe fut maintenu.
Pourtant le 5 juillet 1890, M. de Mun et M. Thellier de
Poncheville en réclamèrent, eux aussi, la suppression,
et M. de Mun disait : « Je demande qu'en aucun cas les

enfants ne soient admis au travail avant l'âge de treize ans...... La Commission a fixé à treize ans l'âge d'admission dans les ateliers parce qu'elle a voulu mettre la loi sur le travail en concordance avec la loi scolaire. Mais pour mon compte personnel je trouve que l'âge de treize ans est déjà une limite inférieure à celle qu'il serait désirable d'établir. J'estime, quant à moi, que la limite devrait être fixée au moins à l'âge de quatorze ans...... J'aurais désiré d'une manière générale que la loi put faire une distinction entre l'enfance et l'adolescence ».

L'amendement fut appuyé par MM. Dumay et Gabriel et, malgré l'opposition de la Commission, les partisans de la suppression du paragraphe eurent gain de cause. Par une forte majorité de 378 voix contre 105, le paragraphe fut rejeté.

Six mois plus tard, le 27 janvier 1891, la Chambre revint sur sa décision. M. Loreau, député du Loiret, présenta et soutint un paragraphe additionnel tendant à permettre aux enfants munis du certificat d'études primaires d'être admis au travail à douze ans. M. de Mun combattit l'adoption de ce paragraphe, mais le Ministre du commerce, M. Jules Roche, et le président de la Commission, M. Ricard, prièrent la Chambre de voter le paragraphe, et les députés, par une de ces bizarreries qui ne nous étonnent que fort peu, adoptèrent par 345 voix contre 159 une disposition que quelques mois auparavant ils avaient repoussée par une forte majorité.

Il est permis de regretter que la Commission ait cru devoir apporter une exception au principe qu'elle avait posé, en fixant à treize ans l'âge d'admission.

L'obtention d'un certificat d'études primaires ne nous paraît pas justifier suffisamment cette exception.

Cependant ce qui tempère nos regrets, c'est l'obligation pour les enfants de moins de treize ans d'être munis d'un certificat d'aptitude physique.

Ce certificat doit être délivré à titre gratuit, dit le paragraphe 3, « par l'un des médecins chargés de la surveillance du premier âge ou l'un des médecins inspecteurs des écoles, ou tout autre médecin chargé d'un service public, désigné par le préfet. Cet examen sera contradictoire si les parents le réclament ».

Ce paragraphe ne souffrit aucune discussion de fond, ni à la Chambre, ni au Sénat. Il est assez clair par lui-même pour que nous ne croyons pas nécessaire de le commenter longuement.

Donc, pour être admis au travail industriel, tout enfant âgé de douze ans et de moins de treize ans, doit être muni et d'un certificat d'études primaires et d'un certificat d'aptitude physique.

Pour que ce dernier certificat soit valable aux yeux de la loi, il est nécessaire qu'il soit délivré par l'un des médecins que la loi désigne spécialement, médecin chargé de la surveillance du premier âge, ou médecin inspecteur des écoles, ou tout autre médecin chargé d'un service public, désigné par le préfet.

Ce certificat sera gratuit. Le médecin qui se serait fait payer le certificat ou la personne qui aurait corrompu ou tenté de corrompre un médecin afin d'obtenir un certificat favorable pourrait être poursuivie correctionnellement (1).

Remarquons en outre que le certificat était exigé non pas pour l'entrée dans l'établissement, mais pour l'admission au travail industriel, au travail salarié. Cette remarque n'est pas sans importance peut-être, étant donné ce que nous avons dit déjà au sujet des établissements de bienfaisance ou d'enseignement professionnel.

Ce certificat d'aptitude physique doit-il spécifier la nature du travail auquel l'enfant peut être soumis ? Dans le silence de la loi, nous devons, semble-t-il, admettre l'affirmative ; l'aptitude au travail peut en effet varier suivant la nature du travail lui-même.

La circulaire du 20 décembre 1892 a, du reste, tranché la question en faveur de l'affirmative.

Les médecins chargés d'un service public, dit la loi, ont le droit de fournir ces certificats d'aptitude physique. Or les médecins des armées de terre et de mer sont assurément chargés d'un service public. Cependant peuvent-ils, en principe, délivrer des certificats d'aptitude physique au travail industriel ?

(1) Code pénal, livre III, t. I, § 4. *De la corruption des fonctionnaires publics.*

Nous ne le pensons pas, car le texte de la loi est rédigé avec une précision qui ne laisse pas place au doute à cet égard. Pour qu'un médecin chargé d'un service public ait le droit de délivrer des certificats de cette sorte, il faut, dit le texte, qu'il ait été « désigné par le préfet ».

La désignation par le préfet est donc nécessaire pour qu'un médecin, même chargé d'un service public, mais qui n'est ni médecin chargé de la surveillance du premier âge, ni médecin inspecteur des écoles, puisse délivrer valablement des certificats d'aptitude physique.

Mais quand il est désigné spécialement par le préfet, tout médecin chargé d'un service public peut alors fournir ces certificats.

Aux termes de la circulaire ministérielle du 20 décembre 1892, les préfets doivent « désigner un médecin spécial dans toutes les localités ayant une certaine importance industrielle et où ne réside ni le médecin inspecteur des écoles, ni celui chargé de la surveillance des enfants du premier âge ».

En édictant la nécessité d'être pourvu d'un certificat d'aptitude physique, le paragraphe 3 de l'article 2 ajoute : « Cet examen sera contradictoire si les parents le réclament ».

C'est à leurs frais que les parents désigneront un second médecin parmi ceux spécialement chargés de ce service.

Si les deux médecins sont en désaccord, la circulaire du 20 décembre 1892 permet la désignation par le préfet d'un troisième médecin qui joue dans ce cas le rôle d'arbitre et tranche la question.

Les noms et les adresses des médecins spécialement chargés de délivrer gratuitement les certificats sont affichés dans les écoles communales et dans une salle de la mairie ouverte au public. Du moins, la circulaire du 20 décembre 1892 recommande ce soin aux maires et même elle ajoute : « Il y aurait intérêt, d'autre part, à fixer dans les communes importantes un jour à la fin de l'année scolaire où le médecin se tiendrait à la disposition des enfants dans une salle de l'école ou de la mairie ».

Enfin le législateur ne se contente pas d'exiger des enfants de douze ans la production d'un certificat d'aptitude physique. Il donne encore aux inspecteurs le droit de « requérir un examen médical de tous les enfants au-dessous de seize ans déjà admis dans les établissements sus-visés, à l'effet de constater si le travail dont ils sont chargés excède leurs forces.

« Dans ce cas, dit le paragraphe 5, les inspecteurs auront le droit d'exiger leur renvoi de l'établissement sur l'avis conforme de l'un des médecins désignés au paragraphe 3 du présent article et après examen contradictoire, si les parents le réclament ».

Ainsi voici le cas visé par la loi. Un enfant âgé de

moins de seize ans semble, au regard de l'inspecteur, être employé à un travail au-dessus de ses forces ; l'inspecteur pourra toujours requérir un examen médical de cet enfant et si le médecin chargé de cet examen conclut que le travail excède les forces de l'enfant, l'inspecteur pourra exiger que cet enfant soit renvoyé de l'établissement.

Les parents auront toujours, eux aussi, le droit de réclamer un examen et, en cas de désaccord entre les deux médecins, un troisième médecin tranchera le débat.

L'inspecteur est donc ici seul appréciateur de la question de savoir si l'examen médical est utile ou ne l'est pas. Mais lorsqu'il juge qu'un examen est nécessaire, ni l'opposition du patron, ni l'opposition de l'enfant ouvrier ne peuvent prévaloir contre ce désir qui a toute la portée d'un ordre. C'est alors que le médecin intervient et que son opinion décide du maintien de l'enfant dans l'établissement ou de son renvoi.

Nous pensons que le législateur a bien fait de donner à l'inspecteur le droit de requérir l'examen médical des enfants âgés de moins de seize ans. Il peut arriver en effet qu'un enfant jugé apte physiquement au travail à l'âge de douze ans, ou plus encore, qu'un enfant entré à l'atelier à l'âge de treize ans, sans avoir été soumis à aucune visite médicale, puisque le certificat d'aptitude physique n'est exigé que des enfants de moins de treize ans, il peut arriver, disons-nous, que cet enfant soit, au bout de deux ou trois ans ou même simplement au bout de quelques mois, visiblement fatigué par un travail trop dur pour ses jeunes forces. Donner à l'inspecteur le droit d'intervenir alors, c'est évidemment protéger l'enfant et nous ne pouvons qu'applaudir à cette mesure.

SECTION III. — Article 3 : Durée du travail.

La loi de 1874 n'avait réglementé que le travail des enfants ; elle n'avait limité ni le travail des filles mineures, ni celui des femmes. Les enfants de plus de douze ans restaient donc soumis au régime de la loi de 1848 et la durée de leur journée de travail était fixée à douze heures. Quant aux enfants âgés de dix ans au moins et admis au travail avant l'âge de douze ans, la durée de leur journée était fixée à six heures.

La loi du 2 novembre 1892 a apporté sur ce point la plus notable amélioration. L'article 3 en effet fixe la durée légale de la journée de travail pour les enfants, les filles mineures et les femmes.

Ce ne fut pas sans une discussion des plus vives que cette amélioration fut accomplie. Nous avons eu déjà l'occasion de dire que le Sénat comptait dans son sein un grand nombre d'adversaires de la loi. A la Chambre, les adversaires étaient moins nombreux ; mais s'ils mirent dans la lutte moins d'opiniâtreté que les membres du Sénat, ils y déployèrent, par contre, autant d'ardeur.

Le projet de la Commission se présentait à la Chambre, en juin 1888, avec les modifications suivantes : journée de dix heures pour les enfants des deux sexes, jusqu'à l'âge de dix-huit ans ; journée de onze heures pour les filles mineures de plus de dix-huit ans et pour les femmes.

Cette modification à la loi de 1874 ne parut pas suffisante à un certain nombre de députés dont MM. Achard et Martin Nadaud se firent les porte-parole en déposant, le 12 juin 1888, un amendement ainsi conçu : « La durée du travail journalier des ouvriers et ouvrières adultes, ainsi que des enfants des deux sexes âgés de plus de dix-huit ans ne peut dépasser dix heures. Au-dessous de dix-huit ans, les enfants ne peuvent être employés à un travail effectif de plus de huit heures ».

C'était demander l'abrogation du décret-loi de 1848 et la fixation à dix heures de la journée de travail des adultes et à huit heures de la journée de travail des enfants jusqu'à l'âge de dix-huit ans.

M. Nadaud soutint, en ces termes, son amendement : « Messieurs, ouvrez le livre de Villermé que j'ai apporté une fois à cette tribune, vous constaterez que pendant les trois quarts de ce siècle, on a fait travailler les ouvriers français seize et dix-huit heures par jour.

« Que faisait votre loi de l'offre et de la demande, mon cher monsieur Frédéric Passy, pendant ce temps ?

. . . . . . . . . . . . . . . . . . . . . . . .

« Comment pouvez-vous expliquer que les nations
où les ouvriers travaillent le moins d'heures, où les salaires sont le plus élevés, que ces nations soient précisément celles qui nous font la plus rude concurrence?
Vous n'ignorez pas que c'est l'Amérique qui conduit le
mouvement commercial aujourd'hui et que l'Angleterre
vient après. Vous persistez à vouloir faire travailler les
ouvriers français 72 heures par semaine, tandis que les
ouvriers anglais travaillent 56 heures seulement. Vous
savez bien qu'en Amérique, comme en Angleterre, il y
a des provinces où on travaille neuf heures, d'autres où
on travaille dix heures, mais il n'y en a pas où on travaille davantage. Lincoln, ce grand homme qui a aboli
l'esclavage des nègres dans son pays, a voulu aussi
soulager les blancs ; il a rendu un décret immortel : il a
décidé que, dans tous les travaux du gouvernement, on
ne travaillerait que huit heures par jour.

. . . . . . . . . . . . . . . . . . . . . . . . . . .

« Pourquoi les peuples protestants dont les ouvriers
travaillent 56 heures par semaine, sont-ils plus riches
que nous? pourquoi font-ils concurrence aux vieilles
nations européennes qui n'ont pas voulu écouter la voix
de la justice et du progrès? »

C'est M. Fernand Faure qui se chargea de repousser,
au nom de la majorité de la Commission, l'amendement
de MM. Achard et Nadaud.

« Qu'avons-nous voulu dans cette loi, disait-il? Nous
avons voulu que certaines personnes incapables de dé-

fendre elles-mêmes leur droit, de défendre elles-mêmes leurs intérêts, leur existence, fussent protégées par l'État.

« Nous avons pensé que la fonction essentielle de l'État, la fonction de justice, devait s'appliquer en faveur des enfants d'abord, sans aucun doute, et même en faveur des femmes. La Chambre a pensé comme nous sur ces deux points.

« Nous espérons bien que vous reconnaîtrez que la disposition tendant à limiter la durée du travail pour l'homme adulte est une disposition d'une nature tout à fait particulière ».

L'amendement de MM. Achard et Nadaud fut repoussé par la Chambre.

Un autre amendement présenté par M. Antide Boyer préconisant le système du demi-temps ne fut pas davantage adopté.

La Chambre vota alors le chiffre de dix heures proposé par la Commission pour le travail des enfants. Elle adopta ensuite la fixation à onze heures de la durée de la journée pour les filles mineures au-dessus de dix-huit ans. Mais sur la demande de M. Yves Guyot, elle vota la suppression des mots « et les femmes ».

Sept mois après, le 29 janvier 1893, elle les rétablissait.

L'article 3 fut de nouveau mis en discussion à la Chambre, dans la séance du 7 juillet 1890, et, cette fois, ce fut par une forte majorité que la Chambre repoussa un amendement de M. Laroche-Joubert demandant la suppression des mots « et les femmes », amendement que M. Ricard, président de la Commission, d'accord avec le gouvernement avait vivement combattu.

M. Laroche-Joubert ne voulut pas désarmer et déposa de nouveau son amendement, le 2 février 1891.

Mais après chaque discussion les adversaires de la réglementation du travail des femmes se trouvaient moins nombreux à la Chambre. L'amendement de M. Laroche-Joubert fut repoussé par 419 voix contre 76.

Au Sénat, M. Blavier demanda, dans la séance du 6 juillet 1891, que les femmes fussent exceptées de la réglementation et offrit ainsi à M. Jules Simon, qui le combattit, l'occasion d'un très beau discours, qu'on voudra bien nous permettre de citer longuement. De tels discours projettent sur toutes les questions que soulève le travail des enfants et des femmes une vive et grande lumière.

« Si l'on pouvait organiser le travail des femmes par une libre convention entre les patrons et les ouvrières, cela vaudrait beaucoup mieux que de demander à l'État d'intervenir par une loi. J'en serais ravi, car j'aurais en même temps le plaisir de voir la liberté maintenue et celui de voir s'améliorer le sort d'une grande partie de la société. Malheureusement je crois que si les femmes n'ont à attendre la diminution de la journée de travail que des patrons, elles risquent beaucoup de l'attendre longtemps...... Quand nous demandons la diminution de la journée de travail pour les femmes, ce n'est pas seulement aux femmes que nous pensons, ce n'est pas principalement aux femmes, c'est à l'humanité tout entière, c'est au père, c'est à l'enfant, c'est à la société que nous voulons remettre sur sa base dont nous croyons qu'elle est peut-être un peu sortie ». M. Jules Simon fait le tableau de ce qui se passe dans les familles ouvrières et à cette question qu'il se pose : où sont les membres de ces familles ? il répond : « ils sont tous à la fabrique, le mari y occupe sa place, il y est depuis 6 heures du matin jusqu'à 6 heures du soir. Il est à la bataille, il fait son métier d'homme ; la femme y est aussi ; elle n'est pas à sa place, elle y fait le métier d'homme comme son mari ; elle n'y fait pas le métier de femme : de 6 heures à 6 heures elle est là.

« Allez dans la maison ; qu'y trouvez-vous ? J'ai dit tout à l'heure que presque toutes les maisons étaient vides. Non, pas tout à fait. Il y a quelquefois un, deux, trois enfants dans une pièce. La mère, très souvent, a fermé la porte à clef, parce qu'elle se dit : j'aime mieux que mes enfants soient à la maison immobiles, souffrant d'un ennui mortel, souffrant du froid, de la faim, mais je sais qu'ils sont à l'abri des accidents.

« Une autre mère n'a pu s'y résigner ; elle a ouvert la porte. Les enfants alors, où sont-ils ? Ils sont là où sont les petits chiens, les chats, les animaux domestiques, ils sont dans la rue, dans le ruisseau, comme des animaux ; personne ne les surveille. C'est là une situation qui ne manque pas d'être effrayante. Je sais bien qu'il se trouve quelquefois une voisine qui les recueille. C'est une pauvre femme qui ne peut plus aller travailler parce qu'elle est trop vieille ; elle ne refuse jamais de prendre l'enfant de celle dont l'habitation est proche de la sienne. Les pauvres sont très généreux, très bons ; ils le sont plus que nous ».

Parlant alors des asiles et des gardiennages, l'éminent sénateur continue ainsi : « Si on nous avait coupé un bras, nous trouverions, j'en conviens, chez de grands industriels de Paris, des bras mécaniques parfaitement organisés avec lesquels nous pourrions tenir notre fourchette, tirer notre chapeau et faire plusieurs autres gestes remarquables. L'auteur de ces perfectionnements a peut-être reçu la Croix de la Légion d'honneur et quand nous regardons sa vitrine à une exposition de l'industrie nous sommes remplis d'admiration, mais je vous le demande, est-ce que ce bras-là remplacera jamais la nature ?

« Eh bien, il en est de même de vos asiles et de vos gardiennages. Je voudrais bien donner à l'enfant une autre institutrice que la maîtresse de la salle d'asile, quoique je sois plein d'admiration et de respect pour elle, quel que soit le costume qu'elle porte ; je voudrais bien donner à l'enfant une autre protectrice, une autre gardienne et je la cherche où la nature l'a placée ; cette institutrice, cette gardienne, c'est la mère..... Je sais très bien, je le sais nécessairement, que dans tous les programmes d'instruction primaire, on a inscrit un cours de morale. Mais je sais aussi que ce n'est pas par l'école que la morale entre dans l'esprit des enfants ; ce n'est pas le maître, ni la maîtresse, quelque respectables qu'ils puissent être, qui l'enseignent véritablement ; non, non, c'est la nature qui enseigne la morale, c'est la mère. La morale qu'on a apprise sur les genoux de sa mère est celle qu'on retrouve dans la vie au moment des tentations, alors qu'on est attiré vers le mal. On se souvient alors de sa mère, on ne se souvient pas de son maître d'école ».

Puis M. Jules Simon terminait ainsi son discours : « On parlait hier ici d'une conférence à laquelle j'ai assisté avec M. Tolain et où dix-sept États se trouvaient représentés. Sur les envoyés de ces dix-sept États il n'y en avait aucun qui ne fût favorable à la réforme que nous défendons, et quand on disait dans cette assemblée : il faut rendre la femme à la société, c'était à peu près comme si l'on avait dit : il faut rendre la morale aux hommes.

« Qu'est-ce donc, Messieurs, je vous prie, qu'une société sans morale ? Qu'est-ce qu'une société sans éducation ? Qu'est-ce qu'une éducation sans la mère ? Qu'est-ce qu'une maison sans l'épouse ? Qu'est-ce qu'un homme qui n'a pas à côté de lui pour l'aimer une femme inspiratrice des grands sentiments et des nobles pensées ?

« Nous pouvons faire tout cela avec un article de loi.

Je suis plein d'admiration et de respect pour la liberté ; que ne donnerais-je pour elle ! Je donnerais tout, excepté la morale, excepté le devoir ».

Mis aux voix, l'amendement de M. Blavier fut rejeté, et les mots « et les femmes » furent adoptés par une majorité de 23 voix.

Mais le Sénat réservait à la Commission une désagréable surprise, avant de résoudre définitivement la question du travail des femmes. Dans son avant-dernière délibération, c'est-à-dire dans la séance du 27 octobre 1891, le Sénat entendit M. Bérenger soutenir cette thèse que la diminution du travail de la femme entraînerait la diminution du salaire. M. Jules Simon monta de nouveau à la tribune, mais il ne réussit pas, ce jour-là, à persuader ses collègues et l'amendement de M. Bérenger demandant la suppression des mots « et les femmes » fut adopté par 10 voix de majorité.

A ce moment, il y eut, dans le Sénat, si l'on en croit le *Journal officiel*, « des mouvements divers ». Alors M. Tolain, montant à la tribune, fit la déclaration suivante : « Le vote que vient de rendre le Sénat exclut les femmes de toute réglementation pour le travail de jour. Malgré la déférence que votre rapporteur a pour les décisions du Sénat, ses convictions le mettent dans l'impossibilité absolue de continuer ses fonctions ».

La leçon était sévère pour le Sénat ; mais on conviendra qu'elle était méritée. Il est difficile, dans un temps cependant où les débats parlementaires sont loin d'être des modèles de précision et de clarté, de rencontrer plus d'incohérence que dans les discussions auxquelles la loi du 2 novembre 1892 donna lieu.

La Chambre ne voulut pas accepter la décision du Sénat.

Le 19 décembre 1891, elle rétablit dans le texte de l'article 3 les mots « et les femmes ».

Le projet de loi revint au Sénat pour la dernière fois.

On se plaint souvent, et à bon droit, des lenteurs de la justice : on pourrait, semble-t-il, se plaindre tout autant des lenteurs des discussions parlementaires. « Je crois que si jamais nos petits-neveux font un musée des horreurs parlementaires, déclarait plaisamment M. Dumay, lors de la dernière délibération à la Chambre, ils devront placer dans la première vitrine l'en-tête du projet de loi que nous discutons, projet voté par la Chambre, adopté par le Sénat, après modifications, modifié par la Chambre, amendé par le Sénat, amendé par la Chambre, adopté avec de nouvelles modifications par le Sénat ».

Le Sénat, cette fois, refusa de voter l'amendement, toujours le même, qui lui fut encore présenté tendant à la suppression des mots « et les femmes ». M. Jules Roche, Ministre du commerce et de l'industrie, se prononça énergiquement en faveur de la réglementation du travail des femmes.

Le Sénat lui donna enfin raison.

Quant à la Chambre, elle vota, le 29 octobre 1892,

l'article 3 tel que le Sénat l'avait voté et tel qu'il est conçu actuellement.

L'article 3 divise les travailleurs auxquels il s'appli-que en trois catégories.

La première catégorie comprend les enfants des deux sexes âgés de moins de seize ans.

La seconde comprend les enfants des deux sexes de seize à dix-huit ans.

La troisième enfin comprend les filles mineures au-dessus de dix-huit ans et les femmes.

Les travailleurs de la première catégorie, c'est-à-dire les enfants des deux sexes âgés de moins de seize ans, ne peuvent travailler plus de dix heures par jour.

Les travailleurs de la seconde catégorie, c'est-à-dire les enfants des deux sexes de seize à dix-huit ans ne peuvent travailler plus de soixante heures par semaine, sans que toutefois le travail journalier ne puisse excé-der onze heures.

Cette disposition constitue donc une moyenne de dix heures de travail par jour, puisque la semaine de tra-vail n'est que de six jours. Si l'enfant de seize à dix-huit ans fait une fois une journée de onze heures, il y aura dans la semaine une journée qui devra n'être que de neuf heures.

Toutes les combinaisons sont permises au patron et à l'ouvrier pourvu que la durée du travail ne dépasse pas onze heures par jour et soixante heures par semaine.

Les travailleurs de la troisième catégorie, c'est-à-dire

les filles mineures au-dessus de dix-huit ans, et les femmes ne peuvent travailler plus de onze heures par jour. Pour elles, point de limitation, quant à la durée du travail de la semaine. La semaine de travail étant de six jours, elles peuvent donc travailler soixante-six heures par semaine.

Nous répétons ici ce que nous avons dit à propos de l'article 1ᵉʳ. Peu importe que la fille âgée de moins de dix-huit ans soit mariée ou ne le soit pas. Mariée ou non mariée, elle est soumise aux mêmes règles que les jeunes gens de cet âge.

Le quatrième et dernier paragraphe de l'article 3 est ainsi conçu :

« Les heures de travail ci-dessus indiquées seront coupées par un ou plusieurs repos dont la durée totale ne pourra être inférieure à une heure et pendant lesquels le travail sera interdit ».

Repos obligatoire d'une heure, voilà le principe. Il importe peu que le repos soit pris à l'usine ou en dehors de l'usine. Ce qui est indispensable, c'est que le repos soit interruptif de tout travail.

Ce principe de l'obligation d'un minimum de repos d'une heure par jour ne souffre aucune exception.

# CHAPITRE II

TRAVAIL DE NUIT. — REPOS HEBDOMADAIRE. — EM-
PLOI DES ENFANTS DANS LES THÉATRES ET CAFÉS-
CONCERTS. — TRAVAUX SOUTERRAINS.

### SECTION I. — Article 4 : Travail de nuit.

Si l'article 3 contient une très notable innovation : la limitation légale à onze heures de la journée de travail des femmes, l'article 4 en contient une plus notable encore : l'interdiction du travail de nuit aux femmes de tout âge.

La loi de 1874 édictait bien l'interdiction du travail de nuit, mais cette interdiction ne s'appliquait qu'aux enfants au-dessous de seize ans et aux filles mineures, mariées ou non, jusqu'à l'âge de vingt et un ans. Cependant les garçons âgés de moins de seize ans, employés dans les usines à feu continu, pouvaient travailler la nuit ; l'interdiction ne leur était pas applicable.

Mais comme la loi ne s'appliquait qu'aux usines et manufactures, il en résultait que les ateliers échappaient complètement à son application.

La loi nouvelle a donc apporté en cette matière une modification de la plus grande importance.

Les débats furent aussi vifs sur cette question du travail de nuit des femmes que sur la limitation du travail de jour. Les mêmes arguments furent mis de part et d'autre en avant, les mêmes partisans et les mêmes adversaires de la loi, dans ses dispositions fondamentales, se retrouvèrent aux prises.

Lorsque la Chambre des députés discuta pour la première fois les articles de la loi, dans la séance du 16 juin 1888, M. Waddington disait, en combattant l'amendement de M. Yves Guyot qui tendait à ne pas appliquer aux femmes l'interdiction du travail de nuit : « Sur cette question si délicate du travail, le ministre s'est adressé aux inspecteurs divisionnaires qui, par la nature même de leurs fonctions et par le contact continuel dans lequel ils se trouvent avec les fabricants, avec les patrons aussi bien qu'avec les ouvriers, sont à même d'avoir une opinion tout à la fois compétente et désintéressée sur cette question. Sur les quinze inspecteurs divisionnaires qui étaient en fonctions à cette époque, douze, soit la grande majorité, se sont déclarés favorables à l'interdiction générale du travail de nuit à toutes les femmes, sans distinction d'âge ».

Et alors le rapporteur passait en revue les opinions des inspecteurs. Quelques-unes de ces opinions nous paraissent dignes d'être citées.

— M. *Laporte*, inspecteur divisionnaire de Paris, adversaire de la fixation d'une journée légale pour les hommes, s'exprime, sur la question de l'interdiction du travail des femmes, dans les termes suivants : « Il est indispensable de soustraire les femmes au travail de nuit qui ruine leur santé et dont elles réclament la suppression ».

— M. *Blaise*, inspecteur de Rouen : « Le travail de nuit est une source directe et indirecte de désordres dans le ménage et dans l'atelier ».

— M. *Lagarde*, inspecteur de Marseille : « La surveillance est généralement confiée à un contremaître dans le travail de nuit ; il se produit des faits scandaleux dans les ateliers surveillés ».

— M. *Delattre*, alors en fonction à Lyon : « Les directeurs confient la surveillance aux contremaîtres ; ceux-ci souvent sont les premiers à abuser des malheureuses femmes qui sont forcées quelquefois de sacrifier leur honneur au morceau de pain du lendemain ».

— M. *Leroy*, inspecteur à Toulouse : « La suppression est utile à tous les points de vue. Il est bien rare que les avantages qu'y trouve la femme ne soient pas compensés par la maladie qui vient faire disparaître les économies réalisées et souvent même endetter celle qu'elle frappe ».

— L'Inspecteur de Reims dit : « En théorie, il semble que la femme majeure devrait être libre de travailler la nuit, si bon lui semble ; mais en fait, en présence des graves inconvénients de toutes sortes que présente le travail nocturne dans les fabriques, je n'hésite pas à demander que dans l'intérêt général ce travail soit interdit aux femmes majeures, aussi bien qu'aux filles mineures ».

De telles opinions étaient de nature à faire impression sur la Chambre. Cependant, malgré toutes les sollicitations du rapporteur, les députés refusèrent, ce jour-là, d'adopter l'interdiction du travail de nuit pour les femmes.

La Commission s'empressa de rétablir dans le texte l'interdiction du travail de nuit des femmes, et, dans la séance du 2 février 1889, M. Emile Keller, l'éminent député du Haut-Rhin, et M. Martin Nadaud partagèrent pleinement l'avis de la Commission et combattirent le discours de M. Laroche-Joubert qui était résolument hostile à toute réglementation du travail des femmes.

M. Emile Keller appuyait en ces termes les conclusions du rapporteur :

« L'État a une mission, c'est d'empêcher le mal, c'est de réformer les abus. Eh bien, je le déclare, c'est un gros abus, c'est un délit que d'opprimer les faibles et de porter atteinte à la santé de l'enfant ou à la santé de la femme. Par conséquent, il y a là un devoir et un devoir étroit pour l'État, celui de protéger la santé du faible.

. . . . . . . . . . . . . . . . . . . . . . . . . . .

« J'avoue que je ne comprendrais pas qu'après avoir limité le travail de jour pour la femme à onze heures, vous lui permettiez le travail de nuit. Cette première restriction que vous avez apportée par la loi au travail me paraît bien plus attentatoire à la liberté que la seconde. Celle-ci, au contraire, me paraît plus nécessaire à la santé de la femme et au maintien de la vie de famille ».

M. Martin Nadaud était plus énergique encore, quand il s'écriait : « Il n'y a pas, au point de vue industriel, de populations plus malheureuses que les populations françaises. . . . . . . . . . . . . . . . . . . . . . .

« Si nous voulons rendre un immense service à la France, descendons au fond de nos consciences et disons-nous que le travail de nuit est un travail que n'ont jamais connu les esclaves. Les esclaves travaillaient moins que nos ouvriers ne travaillent aujourd'hui ».

La Chambre vota, le 4 février 1889, par une majorité de 32 voix, le maintien, dans le texte de l'article 4, des mots « et les femmes ».

Néanmoins, le combat ne devait pas cesser faute de combattants, car les adversaires de la loi, nous l'avons déjà dit, étaient plus nombreux encore au Sénat qu'à la Chambre des députés.

Le 28 novembre 1889, les sénateurs refusèrent d'appliquer aux femmes l'interdiction du travail de nuit.

La Chambre qui avait déjà voté l'interdiction du travail de nuit des femmes ne voulut pas se déjuger ; elle rétablit les mots *et les femmes*, dans le texte de l'art. 4.

M. de Mun prononça, à cette occasion, un discours sur lequel on nous permettra d'insister quelque peu.

S'adressant à ceux qui ne cessaient de vanter la puissance de l'initiative privée en pareille matière, il s'écriait : « Depuis vingt ans avez-vous fait disparaître de vos mœurs, par votre initiative privée, cette effroyable plaie, cette plaie abominable qui s'appelle le travail de nuit des femmes ? Voilà vingt ans que la question est pendante devant l'opinion ; voilà vingt ans qu'on en parle, qu'on écrit, qu'on fait des discours ! Où est le résultat ? Le résultat, c'est que nous recommençons ici à discuter la question pour la cinquième ou la sixième fois, parce qu'une fois de plus le Sénat a refusé de sanctionner ce que vous aviez décidé. Pendant ce temps-là l'initiative privée a-t-elle fait ce que la loi ne faisait pas ? Les mœurs ont-elles fait disparaître le mal ? C'est justement le contraire qui est arrivé..... Il y a deux ans, quand la Chambre ayant voté une première fois l'interdiction du travail de nuit, on a cru que la loi allait passer, le travail a immédiatement diminué partout, on s'est arrangé autrement. Puis le Sénat a rejeté la loi, et la veillée a repris de plus belle. Voilà l'initiative privée ».

Puis M. de Mun faisait la guerre au travail de nuit : « Il y a un mot terrible dans les dépositions qui sont là ; c'est un ouvrier qui l'a dit, et les ouvriers ont souvent des mots qui entrent dans le cœur. Cet ouvrier raconte l'histoire de ses propres enfants ; il dit que ceux qu'il a eus pendant que sa femme travaillait la nuit sont venus au monde mort-nés ou sont morts presque tous à un ou deux ans. Et il ajoute, en finissant, que le travail de nuit, c'est un mangeur d'enfants. Voilà le mot cruel, le mot terrible qui est là dans vos dossiers.

« Il éclaire toute la situation. Il ajoute, cet ouvrier, que depuis que sa femme a renoncé au travail de nuit, qu’elle est rentrée dans la maison, ses enfants vivent. Eh bien, certes, le travail qui épuise les femmes est terrible pour elles ; mais s’il a en outre pour conséquence de tuer les enfants ou de les étioler, prenez-y garde, alors ce n’est plus seulement une question industrielle que nous agitons ici, ce n’est plus seulement une question d’intervention de la loi dans le travail des fabriques, entendez-le bien, c’est une question nationale ».

Voilà en quels termes véhéments M. de Mun faisait à la Chambre le procès du travail de nuit.

Au Sénat, le rapporteur du projet de loi, M. Tolain n’était pas moins énergique.

Relatant cette déposition d’une femme à la commission d’enquête : je dors 5 heures par jour. Je rentre de l’usine à 6 h. 1/2 du matin ; je fais le ménage, j’habille les enfants, je prépare le café, etc., etc., je me mets au lit à 8 heures ; je me lève à 10 heures pour préparer le déjeuner ; je déjeune à 11 heures, je vaque à diverses occupations, je me recouche à 1 heure jusqu’à 5 heures. J’ai quatre enfants de onze, douze, treize et quatorze ans ; je suis soigneuse et je gagne 3 francs par jour ; M. Tolain ajoutait : « si vous trouvez que c’est là une existence acceptable pour une femme, si vous croyez qu’on peut en écartant toute espèce de réglementation légale permettre à de pareilles habitudes de se généraliser, je n’ai plus rien à dire, et je laisse le Sénat juge de la question. Quant à moi mon opinion est faite ».

Vraiment on a quelque peine à comprendre que certains esprits éminents et éclairés aient pu se déclarer favorables au travail de nuit des femmes que M. de Mun qualifiait si justement « d'abominable plaie ».

Cette fois le Sénat donna raison au rapporteur. Il vota l'interdiction du travail de nuit aussi bien pour les femmes que pour les enfants (séance du 10 juillet 1891).

Depuis lors, le principe de l'interdiction du travail de nuit pour les femmes ne fut plus contesté, ni au Sénat, ni à la Chambre.

Nous nous trouvons donc aujourd'hui en présence d'un texte qui dispose que : « les enfants âgés de moins de dix-huit ans, les filles mineures et les femmes ne peuvent être employés à aucun travail de nuit dans les établissements énumérés à l'article 1ᵉʳ ».

Que faut-il entendre par travail de nuit ?

Le paragraphe 2 de l'article 4 répond à cette question : « Tout travail entre neuf heures du soir et cinq heures du matin est considéré comme travail de nuit ; toutefois le travail sera autorisé de quatre heures du matin à dix heures du soir quand il sera réparti entre deux postes d'ouvriers ne travaillant pas plus de neuf heures chacun ».

Et le paragraphe 3 ajoute : « le travail de chaque équipe sera coupé par un repos d'une heure au moins ».

Il y a ici à la fois une règle et une exception. La règle, c'est que le travail est interdit aux enfants de moins de dix-huit ans, aux filles mineures et aux femmes avant cinq heures du matin et après neuf heures du soir. L'exception, c'est que le travail est permis dès quatre heures du matin et jusqu'à dix heures du soir dans un cas bien spécifié : celui où le travail est réparti entre deux postes d'ouvriers ne travaillant pas plus de neuf heures par jour. De plus le travail de chaque poste doit être coupé par un minimum de repos d'une heure. Il importe peu que ce repos soit pris en une ou plusieurs fois. Ce qui est nécessaire, c'est qu'il soit d'une durée totale d'une heure.

C'est l'heure légale, l'heure du méridien de Paris, devenue l'heure officielle de toutes les communes de France, qui doit servir au chef d'industrie de règle pour les travaux de son établissement.

C'est dans les travaux préparatoires de la loi qu'il faut chercher la raison de cette exception contenue dans le paragraphe 2 de l'article 4.

Ce ne fut qu'au moment de l'avant-dernière délibération de la loi au Sénat (séance du 5 novembre 1891) que M. Waddington déposa un amendement qui, après avoir été adopté par la Commission et par le Gouvernement, le fut également par le Sénat et devint dans le texte de la loi l'exception dont nous parlons.

Cet amendement était motivé par une organisation toute spéciale du travail de nuit des filles et des femmes dans certaines fabriques et plus particulièrement dans les fabriques de lacets de Saint-Chamond.

La Chambre, après avoir entendu le Ministre du commerce et de l'industrie soutenir cette disposition additionnelle et M. Charles Neyrand, député de Saint-Chamond, en démontrer en excellents termes la nécessité, la maintint dans le texte (séance du 19 décembre 1891).

Mais quand le projet de loi revint devant le Sénat, la Commission la fit disparaître et M. Tolain expliquait dans son rapport qu'entre les deux délibérations, cinq Chambres de commerce avaient protesté contre elle.

Or il s'agissait des Chambres de commerce de Lille, Reims, Amiens, Tourcoing et Saint-Quentin, c'est-à-dire des Chambres de commerce d'une région qui n'employait pas le système de la double équipe et qui, par conséquent, ne souffrait en aucune façon de l'interdiction pure et simple du travail de nuit. Bien plus, comme le faisait remarquer M. de la Berge, sénateur de la Loire, la Chambre d'Amiens est une Chambre concurrente de Saint-Chamond et son avis était trop intéressé, en la circonstance, pour être pris en sérieuse considération.

M. de la Berge reprit donc l'amendement de M. Waddington. M. Tolain, rapporteur, convaincu que le système de la double équipe avait tous les inconvénients du travail de nuit, s'opposa à l'amendement, mais M. Jules Roche, Ministre du commerce, parla en faveur de cette proposition additionnelle votée antérieurement déjà par le Sénat et par la Chambre, et l'amendement fut adopté par la presque unanimité du Sénat. A vrai dire, cette disposition, qui consiste à reculer jusqu'à dix heures du soir l'heure de sortie des ateliers ou des usines et à en permettre l'accès dès quatre heures du matin, ne saurait être considérée comme une véritable exception au principe de l'interdiction du travail de nuit.

Les véritables exceptions sont contenues dans les paragraphes 4, 5, 6 et 7 de l'article 4.

Le paragraphe 4 de l'article 4 dispose que : « il sera accordé pour les femmes et les filles âgées de plus de dix-huit ans, à certaines industries qui seront déterminées par un règlement d'administration publique et dans les conditions d'application qui seront précisées dans ledit règlement, la faculté de prolonger le travail jusqu'à onze heures du soir, à certaines époques de l'année, pendant une durée totale qui ne dépassera pas soixante jours. En aucun cas, la journée de travail effectif ne pourra être prolongée au delà de douze heures ».

Il s'agit ici d'une exception temporaire, puisqu'elle ne peut pas être utilisée plus de soixante jours. Ces soixante jours peuvent être pris les uns dans une saison, les autres dans une autre saison. « Il ne s'agit pas, disait le rapporteur à la Chambre, d'une période continue de soixante jours, pendant laquelle l'effet de l'article 4 serait suspendu ; mais d'une période qui, prise toute l'année, ne pourra dépasser soixante jours ».

L'exception ne s'applique qu'aux filles mineures âgées de plus de dix-huit ans et aux femmes. Les filles et les garçons de moins de dix-huit ans ne peuvent donc pas en bénéficier.

Cette exception temporaire a eu pour but de permettre les veillées à certaines industries parisiennes surtout.

Il est malheureusement impossible, paraît-il, du moins dans l'état présent de l'organisation industrielle et plus encore dans l'état des usages et des mœurs, de supprimer tout à fait les veillées.

Mais sur ce point nous sommes complètement de l'avis de M. Charles Benoist qui a traité cette question d'une façon si remarquable dans son ouvrage sur *Les ouvrières de l'aiguille à Paris*. « Il n'en demeure pas moins vrai, a-t-il écrit, et il n'en faut pas dire moins haut que la veillée, pour les femmes, est un mal et une source de maux moraux et physiques. Le comte Albert de Mun n'en faisait pas « une peinture poussée au noir » lorsqu'il s'écriait : « A minuit on s'en va... Les ouvrières habitent à Montmartre, à Batignolles, à Clichy, à Levallois-Perret. Les ateliers sont au centre de Paris dans les quartiers riches et élégants. Il y en a qui préfèrent ne pas s'en aller du tout..... Pour celles qui partent, comment s'en vont-elles ? L'omnibus ne passe plus : il faut prendre une voiture et la payer, car il est fort rare que la maison la paie. Quand on n'en trouve pas, il faut s'en aller à pied, faire une heure de chemin. Ce sont souvent des jeunes filles de dix-huit, de dix-sept ans, de seize ans même. Savez-vous ce qu'elles nous ont dit ? Nous ne pouvons pas invoquer la protection des gardiens de la paix ; ils nous répondent que les filles honnêtes ne courent pas la rue à cette heure-là ».

« Voilà au point de vue moral, ajoute M. Charles Benoist, une des conséquences mauvaises de la veillée, mais elle est dangereuse aussi pour la santé. M. de Mun l'expliquait en ces termes, commentant les dépositions reçues au cours de l'enquête : « Pendant qu'on travaille, il a fallu se soutenir un peu ; on l'a fait avec du café noir qui est sur la table et dont on puise des cuillerées afin de se maintenir éveillé. Quand on rentre à la maison, le feu n'est pas allumé ou il est éteint : le dîner est froid ; la plupart du temps, il est arrivé ce que vous savez bien : la fatigue de l'estomac a fait passer l'appétit. On aime mieux ne pas dîner. Et pendant ce temps-là, pour celles qui sont mariées, que fait le mari ? Il s'est lassé d'attendre, il est allé au cabaret : il y reste un peu d'abord, davantage ensuite ; peu à peu, il en a pris l'habitude, il a déserté le foyer désert ».

Et M. Charles Benoist de conclure ainsi : « Mangeur de vertu, mangeur de santé, mangeur de bonheur, mangeur d'enfants, que ne mange-t-elle pas, la veillée ? Mais le dilemme est impitoyable. La femme et l'homme sont pris dans ses mâchoires de fer, ou se laisser manger lentement ou ne pas manger demain. En attendant qu'il mange, ce mangeur donne à manger » (1).

Le règlement d'administration publique prévu et annoncé par le paragraphe 4 de l'article 4, parut le 15 juillet 1893 (2).

<hr>

(1) Charles Benoist, *Les ouvrières de l'aiguille à Paris*, p. 33.
(2) *Journal officiel*, 26 juillet 1893.

Ce décret contient sept articles. Dans son article 3, il énumère les industries autorisées à déroger temporairement aux dispositions relatives au travail de nuit sans que le travail effectif des femmes, filles ou enfants employés la nuit puisse dépasser dix heures par vingt-quatre heures.

Ces industries sont les suivantes :

Confection de chapeaux,

Confections, couture et lingerie,

Confiserie,

Conserves alimentaires de fruits et de légumes,

Conserves de poissons,

Délainage des peaux de mouton,

Fleurs artificielles,

Confection de fourrures,

Imprimeries typographiques,

Imprimeries lithographiques,

Parfum des fleurs,

Pâtes alimentaires,

Plumes de parure,

Réparations urgentes de navires et de machines motrices,

Tonnellerie pour l'embarillage des produits de la pêche.

Voilà ce qu'a fait le Règlement d'administration publique du 15 juillet 1893 relativement à l'exception temporaire prévue par le paragraphe 4 de l'article 4.

Examinons maintenant les autres exceptions contenues dans les paragraphes 5, 6 et 7 du même article.

Voici en quels termes sont rédigés ces paragraphes :

« Il sera accordé à certaines industries déterminées par un règlement d'administration publique, l'autorisation de déroger d'une façon permanente aux dispositions des paragraphes 1 et 2 du présent article, mais sans que le travail puisse, en aucun cas, dépasser sept heures par vingt-quatre heures.

« Le même règlement pourra autoriser, pour certaines industries, une dérogation temporaire aux dispositions précitées.

« En outre, en cas de chômage résultant d'une interruption accidentelle ou de force majeure, l'interdiction ci-dessus peut, dans n'importe quelle industrie, être temporairement levée par l'inspecteur pour un délai déterminé ».

Disons tout de suite que le 7ᵉ et dernier paragraphe autorise une exception temporaire d'une espèce particulière. Cette exception s'applique à toutes les industries et à tous les ouvriers et ouvrières protégés par la loi.

La loi de 1874 contenait déjà une disposition semblable.

Il ne semble pas nécessaire que le chômage soit général dans tout l'atelier ou dans toute l'usine. Un accident survenu à une machine peut causer une interruption de travail, c'est-à-dire un chômage partiel. Dans ce cas l'interdiction du travail de nuit peut être levée temporairement par l'inspecteur (1).

(1) *Sic* : G. Lagrésille, *Travail des enfants*, etc., p. 69. — Edmond Mesnard, *Du travail des enfants*, etc., p. 28.

Les cas de force majeure sont ceux qui se produisent par des faits étrangers à la volonté du chef d'industrie, une épidémie, un incendie ou une inondation, par exemple.

Notons que la circulaire du Ministre du commerce du 19 décembre 1892 contenant l'instruction générale aux inspecteurs du travail sur l'exécution de la loi et dont nous avons eu déjà l'occasion de parler, rappelle que les prescriptions de la loi relatives à la durée du travail doivent continuer à être observées, lorsque l'inspecteur lève temporairement, par application du paragraphe 7 de l'article 4, l'interdiction du travail de nuit.

Les deux exceptions qu'énoncent les paragraphes 5 et 6 de l'article 4 sont l'une permanente et l'autre temporaire.

Pourquoi cette exception permanente? Pourquoi cette complète dérogation au principe de l'interdiction du travail de nuit?

C'est encore dans les travaux préparatoires qu'il faut en chercher la raison.

Il existe en effet sur nos côtes françaises une industrie qui fait vivre des populations entières de marins, c'est l'industrie des conserves de poissons. Or ce n'est point à heure fixe qu'on peut se livrer au travail dans ces fabriques de conserves. L'arrivage des bateaux de pêche n'a rien de régulier. Il varie avec la marée, il varie suivant l'état du temps. Il est cependant de toute nécessité que le poisson soit préparé sans retard dès l'arrivée au port des bateaux qui l'apportent. De là une variation constante dans l'heure où commence chaque jour le travail des filles et des femmes employées dans ces fabriques.

Si donc une industrie devait bénéficier d'une exception permanente, c'était bien celle-là.

Aussi sa cause fut-elle chaudement soutenue par les députés et par les sénateurs des côtes bretonnes et normandes.

M. Chevillotte avait déposé, à la Chambre, le 4 février 1889, une disposition additionnelle ainsi conçue :

« Sont exceptées des règles prescrites par le présent article, les usines et manufactures ayant pour objet la fabrication des conserves de poissons et autres produits provenant de la pêche ».

Le rapporteur refusa d'accepter le paragraphe additionnel, prétendant que les deux paragraphes de l'article 4 pris ensemble donnaient satisfaction aux auteurs de l'amendement.

L'amendement fut repoussé par la Chambre. Il fut repris au Sénat par MM. Soubigou, de Raismes, Le Guen. Renvoyé à la commission, la commission le rejeta, mais elle proposa d'insérer dans l'article 4 une disposition analogue à celle de l'article 6. Cette disposition fut alors votée par le Sénat et prit place dans le texte de l'article 4 (séance du Sénat du 5 juillet 1889).

Lorsque l'exception permanente prévue par le paragraphe 5 de l'article 4 est appliquée à une industrie, les enfants, les filles et les femmes qui y sont employés peuvent travailler la nuit, c'est-à-dire entre neuf heures du soir et cinq heures du matin. La loi ne met à cette tolérance qu'une seule condition, c'est que pour aucun motif le travail ne dépassera pas une durée de sept heures par vingt-quatre heures.

Le législateur a entendu compenser par une diminution de la durée du travail ce qu'il peut y avoir de mauvais dans cette permission du travail de nuit.

C'est l'article 2 du règlement d'administration publique du 15 juillet 1893 qui énumère les industries auxquelles l'exception permanente est appliquée. Ces industries sont les suivantes :

Brochage des imprimés.

Pliage des journaux.

Allumage des lampes de mines.

Chose étrange, l'industrie des conserves de poissons ne figure même pas dans cette énumération.

C'est à l'article 3, dont nous avons parlé, et à l'article 5 de ce décret qu'il faut se reporter pour la rencontrer.

Dans l'article 5 elle se trouve dans cette longue énumération :

Briqueteries en plein air.

Confection de chapeaux en toutes matières pour hommes et femmes.

Confection de corsets.

Confections, couture et lingerie pour femmes et enfants.

Conserves de fruits et confiseries.

Conserves de légumes *et de poissons.*

Corderies en plein air.

Délainage des peaux de mouton.

Fleurs artificielles.

Parfum des fleurs.

Confection des fourrures.

Imprimeries typographiques.

Imprimeries lithographiques.

Plumes de parure, etc., etc.

Or ces deux articles 3 et 5 du décret ne visent que des exceptions temporaires.

Voilà pour l'exception permanente contenue dans le paragraphe 5 de l'article 4.

Quant à l'exception temporaire que prévoit et permet le paragraphe 6 du même article, elle est grosse des plus fâcheuses conséquences. Le texte du paragraphe 6, en effet, peut s'appliquer à toutes les personnes protégées par la loi, et comme d'une part il ne limite pas la durée du travail, ainsi que le fait expressément le paragraphe 4, comme d'autre part l'exception n'est pas limitée quant à la durée de son application, il s'ensuit que le règlement d'administration publique, en faisant bénéficier de cette exception certaines industries, peut rendre nulle et non avenue l'interdiction du travail de nuit.

Et cela est si vrai, que le décret du 15 juillet 1893 a accordé à une industrie une dérogation d'une durée de 120 jours.

Que reste-t-il après cela des prescriptions du législateur ?

Aussi bien le règlement du 15 juillet 1893 rendu sur le rapport du Ministre du commerce, de l'industrie et des colonies, sur l'avis du Comité consultatif des arts et manufactures, sur l'avis de la Commission supérieure du travail, le Conseil d'Etat entendu, est une œuvre bizarre et qui fait sincèrement regretter qu'une si grande importance soit laissée à tous ces règlements d'administration publique sur lesquels le législateur semble se décharger de plus en plus du soin de faire les lois.

Cet abus de la réglementation administrative dans le domaine des lois a frappé le législateur lui-même, et au cours de la discussion de la loi qui nous occupe, il a fait entendre à plusieurs reprises ses doléances à cet égard.

Tantôt, c'est M. Yves Guyot qui s'exprime ainsi :

« Je ferai simplement observer combien est dangereuse cette manière de légiférer par des règlements d'administration publique qui arrivent à substituer l'intervention de l'administration à l'intervention législative, et à faire modifier la loi par des bureaux » (séance de la Chambre, 2 juin 1888).

Tantôt, c'est M. Buffet qui combat énergiquement le système exagéré des règlements d'administration publique (séance du Sénat, 10 juillet 1891).

Le système est tellement exagéré en effet qu'on peut se demander aujourd'hui, trois ans après le vote de la loi du 2 novembre 1893, quelles sont les industries qui ne sortent pas de la règle pour rentrer dans l'exception.

M. Charles Benoist a fait à ce propos de judicieuses remarques qu'il est bon de citer. Voici ce qu'il pense du décret du 15 juillet 1893 :

« Nous n'aurons garde de prétendre qu'il est mauvais. Et pourtant qu'est-ce qu'il fait de la loi dont il devait dissiper l'obscurité, illuminer les recoins et les replis ? Peut-être bien est-ce cette loi qui était défectueuse et le Ministre du commerce, les deux Commissions, le Conseil d'État, donnent-ils aux Chambres une leçon de bonne législation. Ce qui est sûr, c'est qu'en deux ou trois points le règlement, au lieu de développer la loi, l'annule.

« La loi disait : les femmes ne travailleront pas la nuit. Le règlement dit : les femmes, filles ou enfants pourront travailler la nuit, pendant 30, 60, 90 ou même 120 jours (suivant les diverses industries).

« La loi disait : les femmes devront avoir un jour de repos par semaine. Le règlement vient dire : l'obligation du repos hebdomadaire pourra temporairement être levée pour les femmes, filles et enfants. L'inspecteur divisionnaire décidera en dernier ressort.

« Le règlement, comme la loi, fait un personnage considérable et redoutable de l'inspecteur divisionnaire.

« Parce qu'on lui prête beaucoup trop de facultés, on

l'investit de beaucoup trop de pouvoirs. C'est lui qui liera et qui déliera, lui qui examinera les cas de conscience et qui délivrera les permissions nécessaires ; c'est encore lui qui contrôlera ; c'est lui qui sera chargé d'empêcher que sur une journée de quatorze heures les ouvrières travaillent plus de douze. La tâche est immense, il y succombera, eût-il avec les cent yeux d'Argus l'expérience de Nestor et l'insinuante souplesse d'Ulysse fécond en ruses. Ah ! le pauvre inspecteur ! De combien d'heures seront ses journées et qui réglementera son travail de nuit ?

« En attendant, la loi du 2 novembre 1892 supprimait la veillée sans la supprimer ; le règlement du 15 juillet 1893 rétablit la veillée sans la rétablir, et le travail de nuit et le travail de sept jours. On le répète, on ne veut pas discuter sur les mérites et les limites de l'intervention ou de la non-intervention de l'État. Mais il y a quelque chose de pire que de faire une loi ou de ne rien faire : c'est de faire une loi et de la défaire ».

Nous n'ajouterons que quelques mots pour signaler un nouveau décret tout récent du 26 juillet 1895 qui modifie les articles 1, 3, 5 et 6 du décret du 15 juillet 1893.

Ce décret ne fait qu'aggraver les atteintes portées à certains articles de la loi du 2 novembre 1892 par le décret du 15 juillet 1893, car il augmente encore le nombre des bénéficiaires des exceptions prévues par l'article 4 de la loi.

Il est tout à fait inadmissible qu'on puisse ainsi, par

voie de réglementation publique, entraver une loi au point de l'annihiler, et la défigurer jusqu'à la rendre méconnaissable.

Encore un règlement de cette sorte et l'on pourra se demander s'il reste une seule industrie à laquelle la loi s'applique intégralement.


### SECTION II. — Art. 5 : Repos hebdomadaire.

#### § 1. — Obligation du repos hebdomadaire.

L'article 5 de la loi du 19 mai 1874 édictait un jour de repos par semaine et fixait ce jour au dimanche.

Cette disposition fort sage n'avait produit que de bons résultats. Elle était conforme à toute une tradition en matière de législation ou d'organisation du travail.

Dans notre ancien droit, dit M. Hubert-Valleroux, « le travail du dimanche et des fêtes chômées n'était permis que par grande exception pour très peu de métiers et dans des cas spécifiés. Autrement jamais un maître n'aurait eu même la pensée de proposer à son ouvrier de travailler un jour où l'Église ordonnait le repos (1) ».

Le repos dominical ne cessa pas de figurer dans toutes les lois qui avaient pour but la protection des enfants.

Il était dans la loi de 1841, comme dans celle de 1874.

_______

(1) Hubert-Valleroux, *Le contrat de travail*, p. 16.

Tout militait donc en faveur du maintien d'une aussi naturelle et excellente disposition.

Le chômage du dimanche en effet est tellement passé dans nos mœurs que toutes les administrations de l'État se reposent le dimanche. Le Parlement ne tient pas séance le dimanche ; les écoles sont fermées le dimanche ; toutes les réunions familiales ont lieu le dimanche. Le simple bon sens indiquait par conséquent que la loi devait fixer au dimanche le repos hebdomadaire qu'elle déclarait obligatoire.

Le législateur de 1892 n'a tenu compte ni de la tradition, ni des usages, ni des mœurs, ni des nécessités de famille, ni des besoins sociaux.

Il n'a voulu ni écouter les avis des personnalités les plus éminentes affirmant la nécessité sociale du repos dominical, ni admettre la conclusion qui se dégageait des travaux du congrès sur le repos du dimanche, congrès réuni à Paris, en septembre 1889, sous la présidence de M. Léon Say.

Ce congrès fut remarquable, tant par les discussions qui eurent lieu que par certaines lettres d'adhésion qui y furent envoyées.

L'une de ces lettres, écrite par M. Gladstone, contenait cette déclaration : « Il est pour moi incontestable que l'observation du repos du dimanche a des racines profondes aussi bien dans les convictions que dans les habitudes de l'immense majorité de mes compatriotes. S'il apparaît à beaucoup d'entre eux comme une nécessité de la vie spirituelle et chrétienne, d'autres en non moins grand nombre, le défendent avec une égale énergie, comme une nécessité sociale. La classe ouvrière en est extrêmement jalouse et s'oppose non seulement à son abolition avouée, mais à tout ce qui pourrait contribuer indirectement à ce résultat ».

Une autre lettre, écrite par M. Harrison, président des États-Unis, était ainsi conçue : « L'expérience et l'observation m'ont convaincu que toute personne travaillant des mains ou de la tête a besoin de repos, qu'une observation générale du dimanche peut seule lui garantir. Les philanthropes et les chrétiens peuvent envisager la question à des points de vue différents. Mais soit que nous considérons l'homme comme un animal ou comme un être immortel, nous devons nous unir pour lui assurer le repos que le corps et l'esprit réclament également pour être placés et maintenus dans les meilleures conditions possibles.

« Ceux qui ne voient pas le commandement divin dans la Bible ne pourront manquer de le trouver écrit dans l'homme lui-même ».

Enfin le législateur de 1892 demeura sourd à l'avis des inspecteurs du travail eux-mêmes.

L'un d'eux écrivait dans un rapport : « La mesure du repos hebdomadaire substitué au dimanche ne modifierait pas les usages existants, mais elle rendrait, à notre avis, la surveillance presque impossible. Le service éprouverait dans l'application beaucoup de difficultés,

en raison des fausses déclarations qu'il devrait redou-
ter ».

Un autre inspecteur, l'inspecteur départemental de la
7ᵉ section de la Seine, déclarait que « l'application de la
loi rencontrerait des difficultés, si la loi en préparation
ne désignait pas nominativement le jour de la semaine
qui doit être consacré au repos ».

Eh bien, pourquoi le législateur n'a-t-il voulu ni se
conformer aux usages, aux traditions et aux mœurs,
ni tenir compte d'aucun avis ? Parce que le mot de dimanche lui faisait peur.

Il est utile de nous en référer sur ce point aux travaux
préparatoires, pour deux motifs : pour constater d'abord
ce qu'a parfois d'étroit l'esprit de parti dans les assem-
blées parlementaires, et pour bien voir ensuite qu'une
réforme de l'article 5 s'imposera un jour à un parlement
moins aveuglé par la passion anti-religieuse.

L'article 5 de la loi nouvelle est ainsi conçu :

« Les enfants âgés de moins de dix-huit ans et les
femmes de tout âge ne peuvent être employés dans les
établissements énumérés à l'article 1ᵉʳ plus de six jours
par semaine, ni les jours de fête reconnus par la loi,
même pour rangement d'atelier.

Une affiche apposée dans les ateliers indiquera le jour
adopté pour le repos hebdomadaire ».


C'est le 16 juin 1888 que la Chambre aborda la discussion de l'article 5 et le débat s'engagea immédiatement.

Mgr Freppel soutint un amendement consistant à mettre avant ces mots : « ni les jours de fête », ceux-ci : « les dimanches » et à supprimer le second paragraphe de l'article.

Chose curieuse, le rapport de M. Waddington prétendait que la non-fixation au dimanche du jour de repos hebdomadaire avait été inspirée à la Commission par le désir « de respecter la liberté de conscience de chacun et de ne pas mettre la loi nouvelle en contradiction avec la loi du 12 juillet 1880 qui abroge celle du 18 novembre 1814 sur l'observation des dimanches et fêtes religieuses ».

Mgr Freppel se plaça sur le terrain choisi par la Commission elle-même, celui du respect de la liberté de conscience :

Il démontra aux membres de la Commission qu'ils n'avaient pas été conséquents avec eux-mêmes en introduisant dans le premier paragraphe de l'article 5 l'interdiction de travailler les jours de fête reconnus par la loi. La plupart de ces fêtes en effet n'ont pas un caractère moins religieux que le dimanche. Si donc on ne blessait pas la liberté religieuse en interdisant le travail les jours de fêtes légales, on ne la blessait pas davantage en désignant le dimanche comme jour de repos hebdomadaire. « Personne n'est tenu d'aller à la messe ni au prêche, disait l'évêque d'Angers, par cela seul qu'il ne travaille pas ».

Ce qui portait atteinte à la liberté des consciences, ce

n'était pas la fixation du repos au dimanche, c'était l'arbitraire laissé au patron sur le choix d'un jour de repos. Et Mgr Freppel de s'écrier : « Voilà ce qu'il y a de grave dans le deuxième paragraphe que l'on vous propose d'adopter. C'est la liberté religieuse livrée à l'arbitraire et à la discrétion du patron par la loi elle-même, par cette loi qui prétend protéger les faibles et qui ne ferait alors que consacrer leur oppression.

« Et que sera-ce si, dans une même famille ouvrière, l'un des membres appartient à un atelier où le patron a adopté le dimanche pour jour de repos, le second à une usine où l'on chôme le lundi, et le troisième à une manufacture où l'on a fait choix du mercredi ou du jeudi ? C'en sera fait absolument de la vie de famille. Vous vous heurtez à de véritables impossibilités..... Il n'y a, Messieurs, qu'une seule objection tant soit peu sérieuse à mon amendement. Elle est tirée du cas spécial, de la situation spéciale des Israélites. Eh bien, permettez-moi de vous dire que les Israélites ne me semblent pas en cause dans cette question. J'ai passé une bonne partie de ma vie dans la province de France qui renferme à elle seule plus d'Israélites que le reste du pays tout entier, j'ai dit l'Alsace. Eh bien, je n'ai pas souvenance d'y avoir jamais trouvé un israélite ouvrier..... Du reste si vous voulez nous proposer une restriction en faveur des Israélites, pour ma part, je n'y verrai aucun inconvénient et je serai le premier à la voter ».

Ce langage était celui du bon sens. Toutefois la

Chambre des députés dominée par la peur irraisonnée et ridicule de faire œuvre de « cléricalisme » suivant l'expression courante, ne suivit pas l'honorable député du Finistère : l'amendement fut repoussé par une forte majorité.

Lors de la deuxième délibération, l'amendement fut repris par MM. de la Bâtie, Lecointre et Félix Le Roy.

M. Boreau-Lajanadie soutint l'amendement. Il rappela que les écoles chôment le dimanche et « qu'entre le chômage de l'école et celui de l'atelier, il y a une corrélation, une correspondance qui s'imposent », et abordant l'objection tirée de la liberté de conscience, il répondit : « La liberté de conscience! Je connais des religions qui défendent le travail du dimanche, je n'en connais pas qui l'imposent. Quant aux libres-penseurs, peu leur importe, je le suppose, de se reposer le dimanche ou le lundi ».

De nouveau Mgr Freppel défendit l'amendement avec la clarté, la précision, la logique habituelles de sa parole : « Vous vous êtes appuyés constamment, disait-il, au cours de ce débat sur l'exemple des nations étrangères pour réglementer la durée du travail, et j'entends encore M. Lyonnais s'écrier dans une interruption que j'ai saisie au vol : « Nous sommes de cinquante ans en arrière sur l'Europe entière ».

« Veuillez donc imiter également l'Europe entière pour la fixation du jour de repos hebdomadaire ; car dans toute l'Europe, c'est le dimanche qui a été adopté comme jour de repos légal.

Veuillez au moins suivre l'exemple de toutes les nations civilisées, en ce qui regarde les enfants et les femmes employés dans les établissements industriels et ne pas donner le triste spectacle d'une exception aussi douloureuse ».

La Chambre avait son siège fait ; l'amendement fut repoussé pour la seconde fois.

Les sénateurs ne devaient pas être plus favorables que les députés au repos dominical.

Dans la séance du 28 novembre 1889, M. Le Guen déposa un amendement semblable à celui de Mgr Freppel.

Pour mieux comprendre les sentiments qui inspiraient la majorité du Sénat, aussi bien que la majorité de la Chambre, dans leur hostilité au repos dominical, nous allons reproduire les paroles que prononçait le rapporteur de la Commission, au Sénat, M. Charles Ferry. On y chercherait en vain un argument véritable ; c'est de la pure politique de parti, et c'est assez dire ce que vaut un tel langage, au regard de la saine raison.

Après avoir rappelé qu'en 1850 M. de Montalembert avait proposé que dans les chantiers de l'État on ne travaillât pas le dimanche et après avoir cité ces paroles du grand orateur catholique : « Nous l'avouons sans détour, nous venons vous demander simplement et franchement de restituer ce qui est dû à la Majesté de Dieu et à la dignité du pauvre, toutes deux méconnues, toutes

deux outragées par la profanation du dimanche. Nous
ne prétendons pas vous recommander une mesure d'hygiène et d'économie politique », M. Charles Ferry ajoutait : « C'est toujours le même sentiment en face duquel
vous vous trouvez, le même sentiment qui inspire l'a-
mendement : on considère que le dimanche est un jour
sacré et que c'est une profanation que de travailler le
dimanche..... Aussi voyez, à la Chambre, on ne s'y
est pas trompé : le parti républicain a fait front tout entier : 323 votants contre 167 ont rejeté l'amendement de
M. Freppel, et sur les 167 il n'y a pas eu une voix républicaine..... 

« Vous feriez une politique de recul, elle ne serait et
elle ne pourrait pas être interprétée autrement, si vous
veniez dire à ce pays où la question du repos du dimanche a été pendant quatre-vingt-dix ans une source per-
pétuelle de discussions, si vous veniez dire que la majorité républicaine du Sénat a, sur la proposition d'un
membre de la droite, voté l'inscription dans les lois de
l'observance du repos dominical. Ce serait, pour reprendre une expression célèbre, faire aller à Canossa la majorité républicaine du Sénat. Je vous garantis qu'elle
n'ira pas à Canossa ; car ses opinions sont son honneur,
et de toutes ses opinions, celle qui touche à la neutralité
de l'État, à la rupture du lien confessionnel entre
l'Église et l'État, est la première qu'elle ait défendue, ce
sera aussi la dernière qu'elle défendra ».

« Politique de recul », « aller à Canossa », toute cette

argumentation dans le vide pour un simple amendement qui demande à la loi civile de se conformer aux besoins physiques et moraux des familles ouvrières, aux nécessités sociales, aux usages et aux mœurs, en fixant le jour de repos au dimanche, c'est-à-dire au jour que l'immense majorité a, de tout temps, choisi pour le jour du chômage hebdomadaire !

Et c'est le rapporteur de la loi lui-même qui tient un pareil langage, qui pense et raisonne ainsi !

L'amendement de M. le Guen eut le sort de celui de Mgr Freppel : le Sénat le repoussa.

M. de Mun le reprit, dans la séance de la Chambre du 7 juillet 1890. M. Waddington le combattit et fit cette déclaration qui n'a que le seul mérite de la netteté : « Nous refusons, et en cela nous croyons être absolument conformes à l'esprit de notre constitution et de nos mœurs politiques, d'inscrire le mot « dimanche » dans la loi ».

Est-il besoin de dire que l'amendement fut repoussé ?

Le 3 février 1891, la Chambre discutait de nouveau l'article 5 et l'évêque d'Angers, que l'insuccès ne décourageait pas, déposait encore le même amendement signé par plusieurs députés. Les arguments qu'il apportait à la tribune étaient nouveaux. On nous permettra de les citer : nous les croyons utiles à la complète lumière que nous voudrions projeter sur cette importante question.

« Notre amendement, disait l'évêque d'Angers, n'est

autre chose que la reproduction littérale d'une motion
faite à la conférence de Berlin par M. le sénateur Tolain, délégué de la France.

« En effet, le 24 mars 1890, le délégué de la France
faisait à la conférence internationale de Berlin la proposition suivante : « le repos hebdomadaire pour les enfants
et les femmes protégés par la loi est fixé au dimanche.... »
« Il serait à tout le moins fort étrange qu'après une
initiative pareille de la part du délégué de la France en
face de l'Europe entière, la Chambre des députés prît
tout juste le contre-pied de sa proposition en livrant à
l'arbitraire de chacun la fixation du jour de repos hebdomadaire pour les femmes et les enfants protégés par la
loi . . . . . . . . . . . . . . . . . . . . . . . . . .
« C'est également dans cet ordre d'idées que se plaçait tout récemment, dans sa séance du 26 décembre
1890, le conseil municipal de Paris, en supprimant le
travail du dimanche pour les ouvriers égoutiers de la
capitale. Et dans le cours de la discussion, le rapporteur,
M. Vaillant, pouvait ajouter : « Ici nous sommes tous
partisans du repos du dimanche » sans qu'une seule
voix s'élevât pour le contredire. Or je ne sache pas non
plus que le conseil municipal de Paris soit renommé
dans le monde entier par l'ardeur et la vivacité de son
cléricalisme. Il s'inclinait tout simplement devant un
fait qui s'impose à tout le monde et c'est précisément
ce que je vous demande de faire à votre tour ».

Le président de la commission, M. Ricard, répondant à cette argumentation serrée, crut spirituel de commencer ainsi : « Par leurs amendements l'honorable évêque d'Angers et l'honorable comte de Mun, demandent à la Chambre de faire tout à la fois un acte de confession de foi religieuse et un acte de contrition ».

L'amendement fut encore une fois repoussé.

Parlerons-nous des efforts qui furent de nouveau tentés au Sénat, dans la séance du 16 juillet 1891 ?

Un nouvel amendement fut déposé par M. Chesnelong. Mais l'éloquent sénateur eut beau citer ces paroles si belles de Proudhon : « La joie du dimanche se répand partout. Les douleurs plus solennelles sont moins poignantes, les regrets moins amers. Les sentiments s'épurent ; les époux retrouvent une tendresse vive et respectueuse, l'amour maternel ses enchantements. La piété des fils s'incline avec plus de docilité sous la tendre sollicitude des mères » ; M. Jules Simon eut beau appuyer l'argumentation de M. Chesnelong, le Sénat repoussa l'amendement.

Enfin une dernière tentative fut faite, à la Chambre, le 19 décembre 1891, par M. Léon Say, au Sénat, le 29 mars 1892, par M. Lucien Brun.

A la Chambre, M. Léon Say disait à ses collègues : « je crois que sans rien abandonner de vos opinions philosophiques, vous pourriez très bien en donnant

vous-mêmes l'exemple, puisque vous ne siégez pas ce
jour-là, demander que l'on chômât le dimanche dans les
ateliers. Votre loi sera alors d'une application facile. Si
vous voulez qu'elle réussisse comme la loi de 1874,
mettez-la en harmonie avec les mœurs séculaires de
notre pays ».

Le rapporteur lui répondit qu'il y aurait toujours une
majorité « pour défendre les conquêtes de l'esprit laïque ».

Au Sénat, M. Lucien Brun disait : « La justice se repose le dimanche ; on ne signe pas les actes judiciaires
le dimanche ; la Bourse est fermée le dimanche ; les
caisses publiques le sont également ; les fonctionnaires
se reposent et aucun d'eux, fût-il le plus librement pen-
sant des libres-penseurs, ne croit manquer à ses convictions, quand il accepte très joyeusement le repos du
dimanche ».

Ni M. Léon Say, ni M. Lucien Brun n'obtinrent gain
de cause. « L'*esprit laïque* » triompha, au détriment de
la logique et du bon sens.

Nous nous trouvons donc aujourd'hui en présence
d'un texte qui rend obligatoire un jour de repos par semaine pour les enfants au-dessous de dix-huit ans, les
filles mineures et les femmes, mais qui laisse à l'arbitraire du chef d'industrie le soin de fixer ce jour de repos.

Le second paragraphe de l'article enjoint seulement au
chef d'industrie d'apposer dans son atelier ou son usine

une affiche indiquant le jour fixé pour le repos hebdomadaire.

Cette obligation de l'affichage du jour de repos répond
à un double désir du législateur : rendre le contrôle
plus facile pour l'inspecteur et éviter des contestations
entre le patron et les ouvriers.

Le jour adopté pour le repos peut n'être pas le même
pour tous les ouvriers de l'atelier ou de l'usine.

Dans ce cas l'affiche doit faire connaître exactement à
l'inspecteur quels sont les différents jours choisis et
quels sont les divers groupes d'ouvriers appelés à jouir
du repos, à chacun des jours adoptés.

Le choix du jour ne saurait appartenir au patron seul.
L'ouvrier conserve le droit d'accepter ou de ne pas accepter le jour que le patron aura choisi. C'est donc d'un
commun accord entre le patron et l'ouvrier que le jour
du repos devra être choisi.

En fait, cependant, partout où l'association professionnelle n'a pas groupé les ouvriers entre eux, c'est le
patron qui choisira un jour que les ouvriers seront forcés
de subir. Et c'est là qu'est le danger de l'absence de fixation légale.

L'obligation du repos hebdomadaire s'applique à
toutes les personnes que la loi protège, c'est-à-dire aux
enfants au-dessous de 18 ans, aux filles mineures et aux
femmes, comme elle s'étend à tous les établissements
qu'énumère l'article 1er.

Si le législateur n'a pas voulu inscrire le mot « dimanche » dans la loi, il a du moins rendu le repos obligatoire les jours de fête légalement reconnus. Ces jours de fête sont ceux déterminés par l'article 57 de la loi organique du 18 germinal an X.

Cet article a été maintenu par la loi du 12 juillet 1880 qui a abrogé celle du 18 novembre 1814.

Ces jours de repos obligatoire sont au nombre de quatre : Noël, l'Ascension, l'Assomption et la Toussaint.

A ces quatre jours fériés, il faut ajouter ceux que désignent quelques lois spéciales. Ce sont : le premier jour de l'année (avis du Conseil d'Etat des 13-23 mars 1810) ; le lundi de Pâques et le lundi de Pentecôte (loi du 8 mars 1886) et le quatorze juillet, choisi comme fête nationale.

Si une fête légale tombe au jour du repos hebdomadaire, les deux jours peuvent se confondre ou être séparés, au gré des intéressés, s'ils sont d'accord entre eux.

En effet s'ils se confondent, la loi est appliquée puisque d'un côté elle oblige de chômer les fêtes reconnues et de l'autre elle oblige de chômer un jour par semaine.

S'ils sont séparés, la loi est encore appliquée, puisque le législateur, en rendant obligatoires le repos hebdomadaire et le repos les jours fériés, a marqué que le repos hebdomadaire est indépendant des jours de fête.

Nous verrons, en étudiant l'article 7, comment le règlement d'administration publique a modifié l'application du principe du repos hebdomadaire obligatoire.

Faisons une simple remarque, en terminant l'étude de l'article 5.

Un patron peut légalement obliger ses ouvriers à travailler le jour de Pâques, parce que ce jour n'est pas un jour de fête reconnu par le législateur, et il est légalement tenu de ne pas les faire travailler le lundi de Pâques parce que le lundi de Pâques est un jour de fête consacré par le législateur.

Voilà à quel résultat étrange conduit la loi, en matière de repos hebdomadaire.

### § 2. — Dérogation à l'obligation du repos hebdomadaire.

ART. 6. — L'article 6 établit une dérogation à l'article 5. Il est ainsi conçu : « Néanmoins dans les usines à feu continu, les femmes majeures et les enfants du sexe masculin peuvent être employés tous les jours de la semaine, la nuit, aux travaux indispensables, sous la condition expresse qu'ils auront au moins un jour de repos par semaine.

Les travaux tolérés et le laps de temps pendant lequel ils peuvent être exécutés seront déterminés par un règlement d'administration publique ».

La loi de 1874 dans son article 6 contenait déjà une disposition semblable. Mais cette disposition ne s'appliquait pas aux enfants âgés de moins de douze ans.

Des décrets réglementaires, en date du 22 mai 1875 et du 5 mars 1877, avaient appliqué l'exception aux quatre industries suivantes :

1° Les papeteries.

2° Les sucreries.

3° Les verreries.

4° Les usines métallurgiques.

La loi de 1892 ne précise pas plus que ne l'avait fait la loi de 1874, quelles sont les usines à feu continu auxquelles elle entend appliquer une dérogation au principe de l'interdiction du travail de nuit et aux prescriptions relatives au chômage des jours fériés.

Elle a laissé ce soin au règlement d'administration publique qui devait, en outre, fixer le laps de temps pendant lequel les travaux tolérés pourront être exécutés.

Le décret réglementaire du 15 juillet 1893, dans son article 4, a énuméré les industries auxquelles s'applique l'article 6 de la loi.

Voici l'énumération :

1° Distilleries de betteraves.

2° Fabriques d'objets en fer et fonte émaillés ;

3° Usines pour l'extraction des huiles ;

4° Papeteries ;

5° Fabriques et raffineries de sucres ;

6° Usines métallurgiques ;

7° Verreries.

Le décret réglementaire du 26 juillet 1895 n'a apporté aucune modification à l'article 4 du décret du 15 juillet 1893.

L'article 6 s'applique aux enfants du sexe masculin et aux femmes majeures. Il ne s'applique pas aux filles ou aux femmes âgées de moins de vingt et un ans qui en aucun cas, par conséquent, ne peuvent être employées la nuit dans les usines à feu continu.

En somme l'article 6 contient deux dérogations : l'une est relative à l'article 4 qui interdit le travail de nuit, l'autre est relative à l'article 5 qui énonce l'obligation de la cessation du travail les jours fériés reconnus par la loi.

Ce n'est pas, qu'on le remarque bien, au principe de l'obligation du repos hebdomadaire que l'article 6 fait exception, c'est seulement au principe de l'obligation du repos les jours de fête. Cela résulte du rapprochement de ces mots « peuvent être employés tous les jours de la semaine » de ceux-ci : « sous la condition qu'ils auront au moins un jour de repos par semaine ».

Comme il est évident que le jour du repos hebdomadaire doit être d'une durée de vingt-quatre heures, c'est-à-dire d'un jour et d'une nuit, les enfants et les femmes dans les usines à feu continu ne peuvent donc être employés pendant sept nuits consécutives.


ART. 7. — Ce sont encore des exceptions que contient l'article 7, exceptions que la loi de 1874 n'avait d'ailleurs pas prévues et qui constituent une innovation dont la nécessité ne s'imposait pas au législateur de 1892.

L'article 7 dispose que : « l'obligation du repos hebdomadaire et les restrictions relatives à la durée du travail peuvent être temporairement levées par l'inspecteur divisionnaire, pour les travailleurs visés à l'article 5, pour certaines industries à désigner par le susdit règlement d'administration publique ».

Il suffit de lire l'article 5 du décret du 15 juillet 1893, modifié par l'article 5 du décret du 26 juillet 1895 pour constater une fois de plus tout ce que peut contenir d'excessif le système des décrets réglementaires complétant l'œuvre de la loi.

Voici l'énumération des industries que le dernier décret réglementaire du 26 juillet 1895 appelle au bénéfice des exceptions prévues par l'article 7 :

1° Ameublement, tapisserie, passementerie pour meubles ;

2° Bijouterie et joaillerie ;

3° Fabriques de biscuits employant le beurre frais ;

4° Blanchisseries de linge fin ;

5° Briqueteries en plein air ;

6° Brochage des imprimés ;

7° Broderie et passementerie pour confections ;

8° Fabriques de cartons pour jouets, bonbons, cartes de visite, rubans ;

9° Confection de chapeaux en toutes matières pour hommes et femmes ;

10° Confection de corsets ;

11° Confections, coutures et lingeries pour femmes et enfants ;

12° Confections pour hommes ;

13° Confections en fourrures ;

14° Conserves de fruits et confiserie, conserves de légumes et de poissons ; .

15° Corderies en plein air ;

16° Fabriques de couronnes funéraires ;

17° Délainage des peaux de moutons ;

18° Dorure pour ameublement ;

19° Dorure pour encadrements ;

20° Extraction des parfums de fleurs ;

21° Fleurs et plumes ;

22° Imprimeries typographiques ;

23° Imprimeries lithographiques ;

24 Imprimeries en taille-douce ;

25° Fabriques de jouets, bimbeloterie, petite tabletterie et articles de Paris ;

26° Transformation du papier, fabrication des enveloppes, du cartonnage des cahiers d'école, des registres, des papiers de fantaisie ;

27° Papiers de tenture ;

28° Reliure ;

29° Réparations urgentes de navires et de machines motrices ;

30° Teinture, apprêt, blanchiment, impression, gauffrage et moirage des étoffes ;

31° Tissage des étoffes de nouveauté destinées à l'habillement;

32° Tulles, dentelles et laizes de soie.

Pour jouir du bénéfice des exceptions édictées par l'article 7, qu'ont donc à faire ces industries ? Elles n'ont simplement qu'à obtenir de l'inspecteur du travail l'autorisation d'user de ce bénéfice.

C'est donc en définitive l'inspecteur divisionnaire qui est juge souverain de l'opportunité de cette autorisation. Le texte de la loi le dit expressément : « peuvent être temporairement levées par l'inspecteur divisionnaire ».

Nous savons bien qu'une circulaire ministérielle du 12 août 1893 s'efforce de régler dans de justes limites ce pouvoir accordé à l'inspecteur divisionnaire, en disant que : « l'autorisation ne devra être accordée qu'en cas de nécessité absolue ; que le chef d'industrie devra, en adressant sa demande à l'inspecteur, en faire connaître les motifs et en fournir la justification ; que l'autorisation donnée par l'inspecteur divisionnaire devra indiquer le délai pour lequel elle est accordée, la catégorie ou les catégories auxquelles elle s'applique et enfin la durée du travail journalier.

Néanmoins nous ne pouvons nous empêcher de trouver excessif ce pouvoir laissé aux inspecteurs divisionnaires et surtout de regretter qu'un tel pouvoir puisse aboutir à ce résultat de paralyser pendant un laps de temps qui peut être fort long l'effet des meilleures, des plus salutaires et des plus essentielles dispositions de la loi. Il y a là une réforme qui s'imposera.

Ajoutons enfin que la dérogation à l'obligation du repos hebdomadaire ne s'applique pas forcément à l'obligation du chômage les jours de fêtes légales. Le texte ne parle que de l'obligation du repos hebdomadaire. Nous pensons qu'en pareil cas, dans l'absence de désignation formelle de la part de la loi, il faut restreindre l'exception et non l'étendre (1).

SECTION III. — **Article 8 : Emploi des enfants dans
les théâtres et cafés-concerts.**

L'article 8 est relatif à l'emploi des enfants dans les théâtres. Il est absolument distinct des articles qui le précèdent ; il forme comme une loi spéciale isolée au milieu de la loi du 2 novembre 1892.

Il est né pour réprimer un abus qu'aucune loi jusqu'alors n'avait mission d'empêcher. Ni la loi du 19 mai 1874 sur le travail des enfants dans les manufactures, ni la loi du 7 décembre 1874 sur la protection des enfants employés dans les professions ambulantes ne pouvaient s'appliquer aux enfants employés dans les théâtres et dans les cafés-concerts.

Le Conseil municipal de Paris s'était occupé de cette question et il avait demandé en 1886 que les théâtres et cafés-concerts fussent classés au nombre des établissements industriels.

(1) *Contra*, Edmond Mesnard, p. 34. — *Contra*, G. Lagrésille, p. 80.

La Commission chargée d'examiner le projet de loi qui est devenu la loi du 2 novembre 1892 fut saisie de la question par le Ministre de l'instruction publique et par le Ministre du commerce et elle rédigea l'article 8 qui fut voté par la Chambre et par le Sénat presque sans discussion.

Cet article est ainsi conçu :

« Les enfants des deux sexes, âgés de moins de treize ans, ne peuvent être employés comme acteurs, figurants, etc., aux représentations publiques données dans les théâtres et cafés-concerts sédentaires.

« Le Ministre de l'instruction publique et des beaux-arts, à Paris, et les préfets dans les départements pourront exceptionnellement autoriser l'emploi d'un ou plusieurs enfants dans les théâtres pour la représentation de pièces déterminées ».

La prohibition édictée par l'article ne s'adresse qu'aux enfants de l'un et l'autre sexes ayant moins de treize ans.

Elle ne vise que les représentations publiques et les théâtres ou cafés-concerts sédentaires.

Elle ne s'applique ni aux théâtres ambulants, ni aux représentations privées. Les enfants employés dans les professions ambulantes continuent à être protégés par la loi du 7 décembre 1874.

Mais il est bien certain que si des exercices acrobatiques étaient faits par des enfants dans un théâtre sédentaire, ce ne serait plus la loi de 1892 qui protégerait ces enfants ; ce serait la loi du 7 décembre 1874. Cette loi est pour les enfants d'une protection plus rigoureuse, puisqu'elle défend l'emploi des enfants dans les exercices acrobatiques avant que les enfants aient atteint l'âge de seize ans. Du reste elle s'attache plus au genre de spectacle qu'à la nature de l'établissement. Ainsi un cirque où ont lieu des exercices acrobatiques aurait beau être sédentaire, il n'en resterait pas moins soumis à la loi du 7 décembre 1874.

Le mot de représentations doit s'entendre de spectacles réclamant une mise en scène, de pièces théâtrales.

En réalité l'article 8 vise surtout l'enfant qui concourt à la représentation d'une pièce ou d'un spectacle, en faisant partie de la troupe des acteurs ou de la troupe des figurants, que ces figurants soient sur la scène ou seulement dans les coulisses.

Tout autre emploi que celui d'acteur ou de figurant, par exemple l'emploi comme musicien à l'orchestre, ou comme distributeur de billets, ou comme ouvreuse ne nous semble pas tomber sous l'application de la loi (1).

Nous venons de voir la règle, voyons maintenant l'exception. Le paragraphe 2 de l'article 8 permet au Ministre de l'instruction publique et des beaux-arts, à Paris, et aux préfets, dans les départements, d'autoriser exceptionnellement l'emploi d'un ou de plusieurs enfants dans les théâtres pour la représentation de pièces déterminées.

C'est un pouvoir relativement considérable que la loi

(1) *Sic* : Edmond Mesnard, p. 38.

donne à cet égard, aux préfets et au Ministre de l'instruction publique et des beaux-arts. Il est fort à désirer que ni le ministre, ni les préfets n'accordent avec trop de facilité les autorisations qui leur seront demandées.

Une circulaire que le Ministre de l'instruction publique a adressée aux préfets, à la date du 26 janvier 1893, leur a donné des instructions assez précises.

« Les directeurs de théâtre devront, dit le ministre aux préfets, vous adresser, avant la répétition qui précède la première représentation, une liste nominative des enfants qu'ils désireront employer ; cette liste indiquera l'âge de chacun de ces enfants. Vous voudrez bien désigner pour assister à cette représentation un fonctionnaire sur le rapport duquel vous statuerez immédiatement sur la demande du directeur ; copie de cette décision devra être transmise au commissaire de police ».

Une autre circulaire du même ministre, en date du même jour, a été envoyée aux directeurs des théâtres de Paris. Elle enjoint aux directeurs d'adresser au Ministre, cinq jours au moins avant la répétition générale, une liste nominative des enfants âgés de moins de treize ans qu'ils se proposent d'employer, avec l'indication de l'âge de chacun d'eux.

Les enfants ne peuvent paraître en représentation qu'après autorisation, et l'autorisation doit être visée par le commissaire de police du quartier où se trouve l'établissement, théâtre ou concert.

La circulaire du ministre aux préfets se termine par ces mots : « Je me réserve d'ailleurs d'autoriser directement l'emploi, sur les théâtres, des enfants faisant partie des troupes exécutant des tournées en province et partant de Paris. Les autorisations que j'aurais accordées dans ces conditions seront directement communiquées au commissaire de police ».

C'est pour faciliter aux directeurs des tournées théâtrales partant de Paris l'obtention de l'autorisation que le ministre a pris cette décision.

L'autorisation ne sera donnée, dit le texte de la loi, que « pour la représentation de pièces déterminées ».

Peu importe le nombre de pièces désigné par l'autorisation ; mais il faut que l'autorisation ne soit pas générale. Il est nécessaire qu'elle désigne nominalement les pièces pour lesquelles elle est accordée.

L'article 8 ne fixant pas une limite à la durée de l'autorisation, celle-ci peut être d'une durée plus ou moins longue.

Evidemment, comme cette mesure de faveur est exceptionnelle, la durée ne doit pas être trop longue.

Le préfet ou le ministre qui a accordé l'autorisation peut toujours la retirer ; cela n'est pas discutable.

SECTION IV. — **Article 9 : Travaux souterrains.**

La loi du 19 mai 1874 interdisait le travail dans les mines, minières et carrières aux femmes, aux filles de tout âge et aux garçons âgés de moins de douze ans, et le décret réglementaire du 12 mai 1875 avait déterminé les conditions d'admission au travail des mines pour les enfants de douze à seize ans.

La loi de 1892 n'a pas apporté d'innovation sur ce point. Elle n'a fait que reculer d'un an la limite d'âge pour l'admission des garçons dans les mines et de deux ans l'âge qui leur permet de se soustraire aux conditions de la loi.

Ce n'est qu'à treize ans que les garçons peuvent être admis dans les mines et ils sont soumis jusqu'à dix-huit ans aux conditions spéciales qu'un règlement d'administration publique a déterminées.

Le paragraphe 3 de l'article 9 indique dans quelles conditions, dans certaines industries que le règlement d'administration publique aura désignées, le travail de nuit pourra être exceptionnellement permis.

C'est la seule partie de l'article qui ait fourni matière à discussion. Dans la séance du 8 juillet 1890, à la Chambre, M. Gabriel demanda la suppression de ce paragraphe et fit cette déclaration : « les intérêts de l'humanité, de la race et de la patrie doivent être supérieurs aux conditions momentanées et passagères de l'industrie, et je demande qu'en aucun cas, aucun enfant ne puisse travailler la nuit ».

La Commission et le Gouvernement repoussèrent l'amendement et la Chambre adopta le paragraphe.

Voici le texte de l'article 9 : « Les filles et les femmes ne peuvent être admises dans des travaux souterrains de mines, minières et carrières.

« Des règlements d'administration publique détermineront les conditions spéciales du travail des enfants de treize à dix-huit ans du sexe masculin dans les travaux souterrains ci-dessus visés.

« Dans les mines spécialement désignées par des règlements d'administration publique comme exigeant, en raison de leurs conditions naturelles, une dérogation aux prescriptions du paragraphe 2 de l'article 4.

« Ces règlements pourront permettre le travail des enfants à partir de quatre heures du matin et jusqu'à minuit, sous la condition expresse que les enfants ne soient pas assujettis à plus de huit heures de travail effectif, ni à plus de dix heures de présence dans la mine par vingt-quatre heures ».

Nous ne croyons pas nécessaire de définir ce que la loi entend par mines, minières et carrières. Nous renvoyons, pour ces définitions, à la loi du 21 avril 1810 sur les mines, minières et carrières.

L'article 9 ne vise que les travaux qui sont à la fois travaux souterrains et travaux de mines, minières et carrières et il interdit formellement ces travaux aux filles et aux femmes de tout âge.

L'article, dans son paragraphe 1er, ne pouvait pas être plus clair.

Dans son paragraphe 2, il règle les conditions d'admission des garçons à ces travaux des mines, minières et carrières; dans son paragraphe 3, il détermine les conditions du travail de nuit, à l'occasion de ces travaux.

Les garçons, nous le répétons, ne peuvent être admis au travail des mines, minières et carrières, avant l'âge de treize ans et demeurent soumis jusqu'à l'âge de dix-huit ans à certaines conditions spéciales que la loi a laissé aux règlements d'administration publique le soin de déterminer.

On s'était demandé, au lendemain du vote de la loi, si les enfants âgés de douze ans seulement, mais munis du certificat d'études primaires, pourraient entrer dans les mines, minières et carrières, comme ils peuvent entrer dans les établissements industriels, en vertu de l'article 2 de la loi.

La circulaire du ministre du commerce adressée aux ingénieurs des mines, à la date du 4 mai 1893, a tranché la question. Elle dit en effet que la commission du travail « estime que les règles fixées par l'article 2 relativement à l'âge auquel les enfants peuvent être admis dans un atelier sont générales et qu'elles s'appliquent à tous les établissements visés à l'article 1er, c'est-à-dire aux mines, minières et carrières, comme aux autres établissements industriels ».

Le règlement dont parle le paragraphe 2 de l'article est intervenu le 3 mai 1893.

Ce règlement dispose que « la durée du travail effectif des enfants du sexe masculin au-dessous de seize ans, dans les galeries souterraines des mines, minières et carrières, ne peut excéder huit heures par poste et par vingt-quatre heures.

La durée du travail des « jeunes ouvriers de seize à dix-huit ans ne peut excéder dix heures par jour, ni cinquante-quatre heures par semaine.

« Ne sont pas compris dans les durées précitées du travail effectif le temps de la remonte et la descente, ni celui employé à aller au chantier et à en revenir, ni les repos, dont la durée totale ne peut être inférieure à une heure ».

Puis il énumère les travaux auxquels les enfants peuvent être soumis dans l'intérieur de la mine : « triage et chargement du minerai, manœuvre et roulage des wagonnets, garde et manœuvre des postes d'aérage, manœuvre des ventilateurs à bras et autres travaux accessoires n'excédant pas leurs forces ».

Nous ferons observer que le troisième paragraphe de l'article 9, paragraphe qui détermine les conditions auxquelles les enfants peuvent être soumis au travail de nuit dans les mines, constitue une dérogation à l'article 4.

Pour légitimer cette dérogation, on prétend que, les mineurs étant partagés en équipes qui se succèdent dans la mine, il est nécessaire que les enfants, dont le travail aide le travail des mineurs adultes, puissent ne quitter la mine qu'après neuf heures du soir afin de ne pas troubler l'ordre du travail.

Nous ne ferons que constater une fois de plus qu'avec des exceptions aussi multipliées l'interdiction du travail de nuit court grand risque d'être un principe sans force et sans vertu.

Ici cependant une partie de l'interdiction du travail de nuit subsiste. Le législateur ne permet pas que l'enfant travaille avant quatre heures du matin ni après minuit. Il exige que le travail effectif ne dépasse pas huit heures et que l'enfant ne soit pas présent dans la mine plus de dix heures par vingt-quatre heures.

# CHAPITRE III



### SECTION I. — Article 10 : Livret de l'ouvrier.
### Registre du patron.

L'article 10 édicte deux obligations : l'obligation d'un livret pour les enfants âgés de moins de 18 ans, l'obligation d'un registre pour les chefs d'industrie.

Il n'est que la reproduction de l'article 10 de la loi du 19 mai 1874, avec cette seule différence qu'aujourd'hui les chefs d'établissements n'ont plus de surveillance à exercer sur l'enseignement primaire.

L'article 10 est ainsi conçu :

« Les maires sont tenus de délivrer gratuitement au père, mère, tuteur ou patron, un livret sur lequel sont portés les nom et prénoms des enfants des deux sexes âgés de moins de dix-huit ans, la date, le lieu de leur naissance et leur domicile.

« Si l'enfant a moins de treize ans, le livret devra mentionner qu'il est muni du certificat d'études primaires institué par la loi du 28 mars 1882.

« Les chefs d'industrie ou patrons inscriront sur le livret la date de l'entrée dans l'atelier et celle de la sortie. Ils devront également tenir un registre sur lequel seront mentionnées toutes les indications insérées au présent article ».

### § 1. — Livret de l'ouvrier.

La première question que fait naître la lecture de l'article est celle-ci : Quel est le maire tenu de délivrer gratuitement ce livret ? Est-ce le maire de la commune où l'enfant est né, ou le maire de la commune où l'enfant est domicilié ?

Les avis sont partagés. Parmi les Commentateurs de la loi de 1874, les uns (1) soutenaient que le maire visé par la loi était le maire du lieu de naissance de l'enfant, parce que seuls les registres de l'état civil de la commune du lieu de naissance peuvent fournir les indications nécessaires. Les autres (2) pensaient au contraire que le maire compétent était le maire du domicile et ils appuyaient leur avis sur une circulaire du ministre de l'agriculture du 19 mai 1874.

Cette circulaire donnait l'ordre au maire du domicile, dans le cas où l'enfant est employé dans une commune autre que celle où il est né, de demander au maire du lieu de naissance de l'enfant un bulletin de naissance sur papier libre et sans frais.

Une autre circulaire adressée par le ministre du com-

(1) Blondel, p. 18.
(2) Nusse et Perrin, n° 70.

merce aux préfets, à la date du 4 octobre 1875, reproduit
le même ordre :

« Le maire chargé de la délivrance des livrets de-
mandera au maire de la commune où l'enfant est né un
bulletin de naissance qui pourra lui être délivré sur
papier libre, conformément à l'article 16, n° 1, de la loi
du 13 brumaire an VII ».

Cette deuxième opinion nous paraît la seule bonne,
en présence des termes de ces circulaires et des termes
mêmes de la loi. La loi en effet, en prescrivant l'indication du domicile sur le livret, semble attribuer une compétence exclusive au maire de la commune où l'enfant
est domicilié (1).

Lorsque l'enfant est né à l'étranger, l'acte de naissance
qu'il est tenu de se procurer à ses frais est légalisé par
un des agents diplomatiques français accrédités dans le
pays étranger.

A Paris, c'est la préfecture de police qui est chargée
de la remise des livrets.

Le livret doit mentionner les nom, prénoms de l'enfant, le lieu et la date de sa naissance et son domicile.

Il doit en outre mentionner, si l'enfant a moins de
treize ans, qu'il est muni du certificat d'études primaires. Comme c'est le maire qui est chargé de délivrer le
livret, c'est aussi lui qui est tenu de s'assurer de l'existence réelle du certificat.

(1) *Sic* : G. Lagrésille, p. 92. *Idem,* Edmond Mesnard, p. 51.

Les chefs d'établissements inscriront, dit le paragraphe 3 de l'article, « la date de l'entrée dans l'atelier et celle de la sortie ».

Il découle de cette prescription que les chefs d'industrie ou patrons sont tenus d'exiger, avant d'admettre les enfants au travail, que le livret contienne toutes les mentions voulues par la loi. C'est un devoir étroit pour les chefs d'industrie.

Mais quand ils ont constaté que le livret contient toutes les mentions exigées par la loi, qu'il est par conséquent conforme à la loi, ils ne sont pas responsables dans le cas où le livret contiendrait de fausses énonciations, si toutefois leur bonne foi ne peut être soupçonnée.

Le livret peut rester soit en la possession de l'ouvrier, soit entre les mains du patron. L'essentiel est qu'il puisse être présenté à l'inspecteur dès que celui-ci le demande.

Le patron est responsable de la perte du livret, alors même que le livret serait resté en la possession de l'ouvrier, car il peut exiger, aux termes d'une circulaire ministérielle du 25 septembre 1854, toujours en vigueur, que le livret soit déposé entre ses mains. Néanmoins, s'il pouvait prouver que la perte a été le résultat d'un cas de force majeure, il serait excusable et échapperait ainsi à toute pénalité.

Cette obligation du livret ne vise que les enfants de l'un et l'autre sexe jusqu'à l'âge de dix-huit ans. Elle ne s'applique pas aux ouvriers ou ouvrières de plus de dix-huit ans.

Les enfants étrangers âgés de moins de dix-huit ans sont soumis à l'obligation du livret, au même titre que les enfants français. C'était d'ailleurs, sous l'empire de la loi de 1874, l'opinion constante de la jurisprudence (1). N'oublions pas que la loi de 1892 est une loi de police et de sûreté qui oblige tous ceux qui sont sur le territoire.

Le livret qui est exigé dans les établissements industriels, ne l'est pas dans les ouvroirs, orphelinats, ateliers de charité, de bienfaisance ou d'enseignement professionnel.

C'est ce qui ressort du rapprochement de l'article 10 et de l'article 11.

Le paragraphe 5 de l'article 11 remplace l'obligation du livret, dont parle l'article 10, par l'obligation d'un état nominatif des enfants élevés dans ces établissements de bienfaisance ou d'enseignement professionnel, état qui doit être remis à l'inspecteur tous les trois mois et sur lequel l'inspecteur a tout droit et tout pouvoir de contrôle.

### § 2. — Registre du patron.

Indépendamment de l'obligation du livret, l'article 10

(1) Tribunal de la Seine, 24 mars 1881. Cour d'Aix, 13 juillet 1888.

contient une autre obligation, avons-nous dit, l'obligation du registre.

Cette seconde obligation incombe aux chefs d'industrie ou patrons.

Sur ce registre seront mentionnées, dit la loi, « toutes les indications insérées au présent article », c'est-à-dire les nom et prénoms des enfants des deux sexes âgés de moins de dix-huit ans et employés dans l'établissement, le lieu et la date de la naissance, le domicile, la date de l'entrée dans l'établissement et la date de la sortie.

La commission supérieure du travail, le 26 novembre 1892, a émis l'avis que les ouvriers ou ouvrières de plus de dix-huit ans « ne sont pas compris au nombre des personnes dont l'inscription doit se faire sur le registre ».

La circulaire ministérielle du 25 septembre 1893 reproduisant à ce sujet les termes de la circulaire du 25 septembre 1854 dit que les mentions doivent être faites « sans blancs, ratures, surcharges ou intercalations non approuvées ».

Tout ce qui est relatif au livret, quant à la perte, aux inexactitudes, aux indications fausses, à la présentation à en faire à l'inspecteur s'applique également au registre, et, comme le livret, le registre est exigé des chefs d'industrie et non pas des directeurs d'établissements de bienfaisance ou d'enseignement professionnel. L'état nominatif trimestriel, dont nous avons parlé, remplace, dans ces établissements, le livret et le registre.

### SECTION II. — **Article 11 : Affichage de la loi.**

L'article 11 de la loi du 2 novembre 1892 est la reproduction de l'article 11 de la loi du 19 mai 1874. Toutefois son application est plus étendue. L'article vise non seulement les chefs d'industrie, mais aussi les loueurs de force motrice.

Le projet primitif ne contenait pas cette extension. Ce n'est que lors de la deuxième délibération à la Chambre, le 5 février 1889, que le rapporteur proposa d'ajouter, après les mots « Les patrons ou chefs d'industrie », ceux-ci : « et loueurs de force motrice ».

La Chambre adopta sans discussion.

Voici le texte de l'article 11 : « Les patrons ou chefs d'industrie et loueurs de force motrice sont tenus de faire afficher dans chaque atelier les dispositions de la présente loi, les règlements d'administration publique relatifs à son exécution et concernant plus spécialement leur industrie, ainsi que les adresses et les noms des inspecteurs de la circonscription.

« Ils afficheront également les heures auxquelles commencera et finira le travail, ainsi que les heures et la durée des repos. Un duplicata de cette affiche sera envoyé à l'inspecteur, un autre sera déposé à la mairie.

« L'organisation de relais, qui aurait pour effet de prolonger au delà de la limite légale la durée de la journée

de travail, est interdite pour les personnes protégées par
la présente loi.

« Dans toutes les salles de travail des ouvroirs, orphelinats, ateliers de charité ou de bienfaisance dépendant des établissements religieux ou laïques, sera placé
d'une façon permanente un tableau indiquant, en caractères facilement lisibles, les conditions du travail des
enfants telles qu'elles résultent des articles 2, 3, 4 et 5,
et déterminant l'emploi de la journée, c'est-à-dire les
heures du travail manuel, du repos, de l'étude et des repas. Ce tableau sera visé par l'inspecteur et revêtu de sa
signature.

« Un état nominatif complet des enfants élevés dans
les établissements ci-dessus désignés, indiquant leurs
nom et prénoms, la date et le lieu de leur naissance et
certifié conforme par les directeurs de ces établissements
sera remis tous les trois mois à l'inspecteur et fera mention de toutes les mutations survenues depuis la production du dernier état ».

Ce long article ne demande qu'un rapide commentaire.

Il impose aux chefs d'établissements l'obligation de
l'affichage : affichage des dispositions de la loi ; affichage
des règlements d'administration publique relatifs à l'exécution de la loi, concernant leur industrie ; affichage des
noms et adresses des inspecteurs de la circonscription ;
affichage de la durée du travail, et enfin, pour les établissements de bienfaisance ou d'enseignement professionnel, affichage des conditions du travail.

Une affiche de la loi et des règlements d'administration publique relatifs à l'exécution de la loi et concernant plus spécialement l'industrie exercée par l'établissement doit être placée, dit le texte, « dans chaque atelier ». Donc une seule affiche ne suffirait pas, si l'établissement contient plusieurs ateliers de travail. Une affiche est nécessaire dans chaque salle où l'on travaille.

Le Ministre du commerce délivre des modèles d'affiches aux inspecteurs qui les remettent aux chefs d'industrie, sur leur demande.

Les chefs d'établissements sont tenus en outre d'afficher dans chaque atelier, dans chaque salle où l'on travaille, la durée du travail, l'heure à laquelle le travail commence et l'heure à laquelle il finit, ainsi que les heures et la durée du repos. Un duplicata de cette affiche, dit le texte, sera envoyé à l'inspecteur, un autre sera déposé à la mairie.

Certaines industries, et notamment celle de la fabrication de l'ardoise, dans lesquelles le travail est aux pièces, n'ont pas d'heures déterminées ni pour le repos, ni pour le commencement et la fin du travail. Le chef d'industrie n'est donc pas tenu d'afficher les heures de travail. Mais il est obligé néanmoins de veiller à l'application stricte de la loi en ce qui concerne la durée légale du travail journalier et le repos légal.

Les chefs d'industrie sont en outre tenus d'afficher dans chaque salle d'atelier les noms et les adresses des inspecteurs de la circonscription, inspecteur départemental, inspecteur divisionnaire.

Dans les mines, minières et carrières, ce sont les noms et les adresses des ingénieurs des mines qui doivent être affichés.

Le paragraphe 3 de l'article interdit l'organisation de relais dont le résultat serait de prolonger au delà de la limite légale la journée de travail.

Ce paragraphe fut proposé, sous forme d'amendement, par M. Dron, député du Nord, et adopté par la Chambre, le 5 février 1891.

Les deux derniers paragraphes de l'article sont consacrés aux établissements de bienfaisance. Les directeurs de ces établissements sont tenus de deux obligations. La première est celle d'afficher dans toutes les salles de travail un tableau indiquant les conditions de travail des enfants, telles qu'elles résultent des articles 2, 3, 4 et 5, et déterminant l'emploi de la journée, c'est-à-dire les heures du travail manuel, du repos, de l'étude et des repas.

La loi exige de plus que le tableau soit visé par l'inspecteur et revêtu de sa signature.

Les directeurs d'établissements d'enseignement professionnel sont soumis à cette même obligation. Le texte ne le dit pas, il est vrai, mais tel est cependant, croyons-nous, l'esprit de la loi (1).

La seconde obligation dont sont tenus les directeurs d'établissements de bienfaisance et d'établissements

_________

(1) *Sic*, G. Lagrésille, p. 100. — *Sic*, Edmond Mesnard, p. 59.

d'enseignement professionnel est celle de dresser un état
nominatif complet des enfants élevés dans ces établissements indiquant leurs nom et prénoms, la date et le
lieu de leur naissance. Cet état doit être certifié conforme
par les directeurs de ces établissements et remis chaque
trimestre à l'inspecteur. Il doit faire mention de toutes
les mutations survenues depuis la production du dernier
état.

Nous avons déjà parlé de cet état nominatif, en étudiant l'article 10, et nous avons vu qu'il remplace pour
les établissements de bienfaisance ou d'enseignement
professionnel le livret individuel et le registre exigé par
l'article 10 pour les établissements industriels proprement dits.

# CHAPITRE IV

HYGIÈNE, SÉCURITÉ ET MORALITÉ DES TRAVAILLEURS.

### SECTION I. — Articles 12, 13 et 14 : Hygiène des travailleurs.

L'article 12 vise les différents travaux susceptibles de présenter des dangers pour la santé physique et la santé morale des personnes protégées par la loi, c'est-à-dire des femmes, des filles mineures et des enfants.

L'article 13 vise les dangers qui résultent non plus seulement du travail lui-même, mais aussi de la nature des industries.

L'un et l'autre laissent à des règlements d'administration publique la détermination de ces travaux et de ces établissements dangereux.

Les articles 12 et 13 sont ainsi conçus :

ART. 12. — « Les différents genres de travail présentant des causes de danger, ou excédant les forces, ou dangereux pour la moralité, qui seront interdits aux femmes, filles et enfants, seront déterminés par des règlements d'administration publique ».

ART. 13. — « Les femmes, filles et enfants ne peuvent être employés dans des établissements insalubres ou dangereux où l'ouvrier est exposé à des manipulations ou à des émanations préjudiciables à sa santé que sous les conditions spéciales déterminées par des règlements d'administration publique pour chacune de ces catégories de travailleurs ».

Ces deux articles ne sont en somme que la reproduction des articles 12 et 13 de la loi de 1874, avec cette différence que les articles de la loi nouvelle s'appliquent non seulement aux enfants, mais aux filles et aux femmes.

Le décret réglementaire qui détermine les travaux et les industries que les articles 12 et 13 ont entendu viser est le décret du 13 mai 1893.

Il est intitulé ainsi : Décret relatif à l'emploi des enfants, des filles mineures et des femmes aux travaux dangereux, insalubres, excédant les forces ou contraires à la moralité.

Il contient dix-sept articles et déploie un grand luxe de tableaux.

L'article 1er interdit d'employer les enfants, les filles et les femmes au graissage, au nettoyage, à la visite ou à la réparation des machines ou mécanismes en marche. Il faut, pour que l'article s'applique, que la machine soit en marche.

L'article 2 interdit d'employer ces mêmes personnes dans tout atelier où se trouvent des machines en marche, lorsque les parties dangereuses ne sont pas couvertes de couvre-engrenages, garde-mains et autres organes protecteurs.

L'article 3 interdit d'employer les enfants au-dessous de dix-huit ans à faire tourner des appareils, en sautillant sur une pédale, et à faire tourner des roues horizontales.

L'article 4 interdit d'employer les enfants au-dessous de seize ans à tourner des roues verticales, pendant une durée de plus d'une demi-journée de travail divisée par un repos d'une demi-heure au moins, ou à actionner au moyen de pédales les métiers dits à la main.

Les articles 5 et 6 interdisent d'employer les enfants au-dessous de seize ans au travail des scies circulaires ou des scies à ruban, au travail des cisailles et autres lames tranchantes mécaniques.

L'article 7 est relatif aux verreries. Il dispose que les enfants au-dessous de treize ans ne peuvent, dans les verreries, être employés à cueillir et à souffler le verre.

Dans les fabriques de bouteilles et de verre à vitre, le soufflage par la bouche est interdit aux enfants au-dessous de seize ans.

Dans les verreries où le soufflage se fait à la bouche, un embout personnel sera mis à la disposition de chaque enfant âgé de moins de dix-huit ans.

Les articles 8 et 9 défendent de préposer des enfants au-dessous de seize ans au service des robinets à vapeur, de les employer en qualité de doubleurs dans les ateliers où s'opèrent le laminage et l'étirage de la verge de tréfilerie.

Toutefois cette disposition n'est pas applicable aux

ateliers dans lesquels le travail des doubleurs est garanti par des appareils protecteurs.

L'article 10 interdit d'employer des enfants de moins de seize ans à des travaux exécutés à l'aide d'échafaudages volants pour la réfection et le nettoyage des maisons.

L'article 11 fixe le poids de la charge qu'un jeune ouvrier ou une jeune ouvrière, au-dessous de dix-huit ans, peut porter, suivant son sexe et son âge.

L'article 12 défend d'employer des filles au-dessous de seize ans au travail des machines à coudre mues par des pédales.

L'article 13 interdit l'emploi des enfants, des filles et des femmes dans les ateliers où se confectionnent des écrits, des gravures, des dessins, des peintures, etc., dont la vente, l'offre, l'exposition, l'affichage ou la distribution sont réprimées par des lois pénales comme contraires aux bonnes mœurs. Il défend en outre d'employer des enfants au-dessous de seize ans et des filles mineures dans les ateliers où se confectionnent des écrits imprimés, etc., qui « sans tomber sous l'application des lois pénales sont cependant de nature à blesser leur moralité ».

Ce paragraphe donne à l'inspecteur une mission fort délicate, puisqu'il en fait un juge souverain de la moralité de ces écrits ou de ces gravures.

Les articles 14, 15 et 16 du décret sont relatifs aux tableaux A, B et C, annexés au décret.

Une loi du 12 juin 1893, « concernant l'hygiène et la sécurité des travailleurs dans les établissements industriels », et applicable « aux manufactures, fabriques, usines, chantiers, ateliers de tout genre », sauf aux ateliers de famille, donne dans son article 1er, aux inspecteurs du travail un pouvoir très étendu relativement aux mesures de sécurité et de salubrité.

*Tenue des établissements visés par la loi* (art. 14).

L'article 14, qui reproduit presque textuellement les dispositions de l'ancien article 14 de la loi de 1874, a été maintenu dans la loi provisoirement, en attendant le vote d'un projet de loi qui avait été déposé par le Ministre du commerce en 1891 et qui, voté par le Parlement, est devenu la loi du 12 juin 1893 sur l'hygiène et la sécurité des travailleurs, loi dont nous venons de dire un mot.

Bien que provisoire, l'article 14 n'en a pas moins toute la portée d'une obligation légale qui peut être sanctionnée pénalement.

L'article 14 garde sa valeur propre, et la loi du 12 juin 1893 n'a fait qu'en fortifier et élargir les prescriptions.

Il se compose de 3 paragraphes ainsi conçus :

« Les établissements visés dans l'article 1er et leurs dépendances doivent être tenus dans un état constant de propreté, convenablement éclairés et ventilés. Ils doivent présenter toutes les conditions de sécurité et de salubrité nécessaires à la santé du personnel.

« Dans tout établissement contenant des appareils mécaniques, les roues, les courroies, les engrenages ou tout autre organe pouvant offrir une cause de danger seront séparés des ouvriers de telle manière que l'approche n'en soit possible que pour les besoins du service.

« Les puits, trappes et ouvertures de descente doivent être clôturés ».

Les prescriptions relatives à la propreté, à l'éclairage et à la ventilation, s'appliquent à tous les établissements visés dans l'article 1er de la loi et à leurs dépendances, par conséquent aux établissements de bienfaisance et d'enseignement professionnel aussi bien qu'aux établissements industriels.

A qui appartient-il d'apprécier si tous ces établissements sont tenus dans un état constant de propreté et convenablement éclairés et ventilés ? Aux inspecteurs ; mais les tribunaux ont assurément, en cette matière, un pouvoir d'appréciation très net, car le texte est trop vague pour que l'opinion de l'inspecteur puisse faire loi, à elle seule.

Il en est de même pour les conditions de sécurité et de salubrité « nécessaires à la santé du personnel ». Les tribunaux apprécieront, après les inspecteurs.

Que veut dire la loi par ces mots : sécurité et salubrité ? Elle veut dire, selon nous, que les établissements ne doivent contenir aucune installation de travail susceptible d'exposer les personnes à des accidents et que l'atelier, soit dans sa construction, soit dans son arrangement intérieur, ne doit présenter aucun danger pour la santé du personnel.

Le deuxième paragraphe de l'article 14 s'applique spécialement aux établissements qui se servent d'appareils mécaniques et il édicte des prescriptions tellement nettes que le chef d'industrie qui a négligé de prendre les précautions exigées par la loi est non seulement responsable des accidents qui peuvent se produire, mais encore est passible d'une contravention par le seul fait de s'être abstenu de prendre ces précautions.

L'obligation qui découle de ce paragraphe est une obligation de faire. Les roues, courroies, engrenages, ou tout autre organe pouvant offrir une cause de danger, seront, dit le texte, « séparés des ouvriers de telle manière que l'approche n'en soit possible que pour les besoins du service ».

Indépendamment de la contravention que commet le chef d'industrie en ne se conformant pas aux prescriptions contenues dans ce paragraphe, l'article 14, en cas d'accident, rend très facile pour l'ouvrier une action judiciaire tendant à des dommages-intérêts. Même l'action pénale peut trouver une base dans cet article (1).

Ici encore l'inspecteur est juge de la question de savoir si « l'organe » dont parle le texte peut vraiment offrir une cause de danger. Mais les Tribunaux pourront toujours contrôler l'opinion de l'inspecteur.

(1) *Sic*, Edmond Mesnard, p. 68.

Enfin le troisième paragraphe de l'article 14 ordonne que les puits, trappes et ouvertures de descente soient clôturés. Il faut entendre cette prescription dans ce sens : les puits, trappes et ouvertures doivent être clôturés au point qu'il soit impossible, même à un imprudent, de tomber dans ces puits, trappes ou ouvertures.

Les dispositions des paragraphes 2 et 3 de l'article 14 de la loi du 2 novembre 1892 ont été littéralement reproduites par la loi du 12 juin 1893, dans son article 2, qui s'applique, nous l'avons dit, à tous les ouvriers de l'industrie, hommes, femmes et enfants de tous âges.

SECTION II. — **Article 15 : Déclaration en cas d'accident.**

L'article 15 est une innovation de la loi de 1892.

La loi de 1874 ne présentait aucune disposition relative à la déclaration des accidents ; la loi nouvelle prescrit cette déclaration.

Cet article fut voté sans discussion par la Chambre.

Au Sénat, le 4 juillet 1889, une légère discussion s'engagea au sujet de l'interprétation du mot « accident ». Il résulte de cette discussion qu'une simple coupure n'a pas été considérée par le législateur comme un accident. Au surplus, le décret du 21 avril 1893, qui a déterminé la forme du procès-verbal de déclaration des accidents, procès-verbal que le maire est tenu de dresser, ne considère comme obligatoire que la déclaration d'accidents paraissant devoir entraîner une incapacité de travail de trois jours au moins.

La déclaration est prescrite par la loi dans le cas où l'accident s'est produit dans l'un des établissements mentionnés à l'article 1er et a occasionné une blessure à un ou plusieurs ouvriers.

Une circulaire ministérielle du 24 avril 1893, relative à la déclaration des accidents, rappelait qu'au lendemain du vote de la loi la question s'était posée de savoir si la déclaration est obligatoire pour tout accident arrivé à un ouvrier industriel quel qu'il soit, ou si elle n'est exigée que pour le personnel protégé par la loi, c'est-à-dire pour les enfants au-dessous de dix-huit ans, les filles et femmes de tout âge : « C'est dans ce dernier sens, ajoutait la circulaire, que s'est prononcée la Commission supérieure du travail. Elle a fait remarquer qu'en employant l'expression « ouvriers » l'article 15 n'avait pu lui donner une portée plus large que n'avait la loi elle-même par son titre et son article 1er ». Cette interprétation de l'article 15 par la Commission supérieure du travail ne peut plus être acceptée aujourd'hui, car l'article 15 de la loi de 1892, qui avait été emprunté à un projet de loi sur la responsabilité des accidents dont les ouvriers sont victimes dans leur travail, a été reproduit par l'article 11 de la loi du 12 juin 1893 qui a généralisé les dispositions de l'article 15 de la loi de 1892 et les a étendues à tous les ouvriers, quels que soient leur sexe et leur âge.

La déclaration doit être faite par le chef de l'établissement. En son absence, la déclaration sera faite par son préposé.

Nous croyons que le préposé peut toujours faire la déclaration, même dans le cas où le chef de l'établissement est présent ; mais le préposé n'encourt de responsabilité personnelle que, lorsqu'en l'absence du chef d'établissement, il prend son lieu et place et fait la déclaration (1).

La déclaration doit contenir le nom et l'adresse des témoins de l'accident. On comprend aisément la raison de cette exigence de la loi. C'est pour permettre à l'autorité judiciaire de se livrer plus facilement à une enquête, si une enquête est jugée nécessaire.

A la déclaration doit être joint un certificat de médecin. C'est le patron qui est tenu de le produire.

Ce certificat doit indiquer, dit l'article « l'état du blessé, les suites probables de l'accident et l'époque à laquelle il sera possible d'en connaître le résultat définitif ».

Ce certificat est fait sur papier libre.

La déclaration doit être faite dans un délai de 48 heures.

Ce délai commence-t-il à courir du moment même de l'accident ou seulement du jour où l'accident est arrivé ? Nous pensons que le délai court du jour de l'accident

_______

(1) *Sic*, G. Lagrésille, p. 114. *Idem*, Edmond Mesnard, p. 74.

et que par conséquent la déclaration doit être faite dans les quarante huit heures qui suivent le jour de l'accident.

Il se rencontrera du reste des cas où le chef d'industrie n'aura connaissance de l'accident que longtemps après qu'il aura eu lieu. Il est évident que le délai prescrit pour la déclaration ne peut courir alors que du moment où le patron est renseigné.

De plus l'arrivée du médecin qui fournira le certificat exigé par la loi peut elle-même n'avoir lieu qu'assez longtemps après l'accident. Il est clair que le retard involontaire du patron à faire sa déclaration pourrait être excusé dans ce cas par l'arrivée tardive du médecin.

Au surplus ce n'est que le tribunal qui peut décider si la déclaration a été faite ou n'a pas été faite dans le délai prescrit et dans aucun cas un maire ne peut se refuser à recevoir une déclaration quelque tardive qu'elle soit (1).

L'article ordonne que la déclaration soit faite au maire de la commune. Il ne peut être question ici que de la commune où l'établissement est situé.

Le maire reçoit la déclaration qui peut être verbale et en dresse procès-verbal en la forme déterminée par le règlement d'administration publique du 24 avril 1893. Puis il remet au déposant « séance tenante », dit le texte, un récépissé de la déclaration et du certificat mé-

_______________

(1) *Sic*, G. Lagrésille, p. 114.

dical. Le déposant peut toujours exiger le récépissé. Enfin le maire donne immédiatement avis de l'accident à l'inspecteur divisionnaire ou départemental. La loi dit « immédiatement ». Cela signifie le jour même de la déclaration, si c'est possible.

Une circulaire ministérielle du 19 décembre 1892 enjoint aux inspecteurs, lorsqu'ils sont informés d'un accident, « de se transporter sur les lieux et faire une enquête aussi complète que possible. Si l'inspecteur constate que l'accident a été causé par l'inobservation des mesures prescrites par la loi et les règlements d'administration publique pour assurer la sécurité des ateliers, il dressera immédiatement procès-verbal contre l'industriel. Chaque accident devra d'ailleurs faire l'objet d'un rapport spécial, et un état détaillé de tous les accidents arrivés dans sa circonscription est adressé au ministre tous les trois mois par l'inspecteur divisionnaire ».

SECTION III. — **Article 16 : Moralité des travailleurs.**

L'article 16, qui prescrit aux patrons ou chefs d'établissements de veiller au maintien des bonnes mœurs et à l'observation de la décence publique, n'est que la reproduction presque textuelle de l'article 15 de la loi de 1874.

Il s'applique à tous les chefs d'établissements qui ont sous leur direction des ouvriers protégés, hommes, femmes ou enfants.

L'obligation de surveillance qu'il édicte, n'est imposée au chef d'industrie que dans l'intérieur de son établissement. Mais comme l'article 8 de la loi du 4 mars 1851 sur les contrats d'apprentissage est toujours en vigueur, il élargit la disposition de l'article 16 de la loi de 1892. Un patron ou chef d'industrie qui compte dans son établissement des jeunes ouvriers ayant passé avec lui un contrat d'apprentissage est tenu de surveiller la conduite et les mœurs de l'apprenti dans la maison et au dehors et d'avertir les parents ou représentants des parents de l'enfant des fautes graves qu'il pourrait commettre.

Bien que les termes de l'article 16 soient trop vagues, il faut voir dans cette disposition de la loi un ordre formel donné au patron de veiller d'une manière effective et constante au maintien des bonnes mœurs, en empêchant les conversations ou les actes obscènes, et en s'abstenant rigoureusement de certaines mesures dangereuses au point de vue des mœurs, telles que des dortoirs communs pour ouvriers et ouvrières.

Ici encore, les tribunaux apprécieront dans quelle mesure un chef d'établissement peut être tenu pour responsable, si des faits contraires aux bonnes mœurs ou à la décence publique se produisent dans son établissement.

En effet, cette obligation qui incombe au chef d'établissement est une obligation pénale. La violation de l'article 16 peut entraîner deux sortes de pénalités ; elle peut être poursuivie comme une contravention à la loi du 2 novembre 1892 et elle peut présenter les éléments du délit prévu par les articles 334 et 335 du Code pénal (1) (excitation de mineurs à la débauche).

(1) *Sic*, G. Lagrésille, p. 118.

# CHAPITRE V

## INSPECTION.

### SECTION I. — **Les inspecteurs.**

#### § 1. — **Le principe de l'inspection.**

Le service de l'inspection est le point capital de la loi. Tant valent l'organisation et le fonctionnement de l'inspection, tant vaut la loi..

On comprend donc que le législateur de 1892 ait tenu à apporter un soin particulier à l'élaboration des articles qui ont trait à cette question.

La loi du 22 mars 1841 n'avait fait que concéder aux pouvoirs publics la faculté de nommer des inspecteurs du travail. Le contrôle du service d'inspection avait été en fait confié à des commissions locales dont les membres remplissaient gratuitement cette mission de surveillance.

La loi du 19 mai 1874 fit mieux. Elle maintint l'institution des commissions locales, mais elle organisa l'inspection que la loi de 1841 n'avait fait, en quelque sorte, qu'indiquer.

Elle créa des inspecteurs divisionnaires, puis elle confia aux conseils généraux le soin d'établir des inspecteurs départementaux.

Mais, en réalité, c'était là une œuvre bien imparfaite.

Les commissions locales ne fonctionnèrent pas ou fonctionnèrent mal. Dans un grand nombre de départements, elles ne furent même pas constituées. Les conseils généraux ne tinrent que très faiblement compte du désir du législateur, et le service d'inspection réparti entre des inspecteurs qu'aucun lien hiérarchique ne reliait entre eux appelait de sérieuses réformes.

Il faut rendre pleine justice sur ce point au législateur de 1892. Il a compris que de cette question de l'inspection dépendait l'exécution de la loi, et, comme il a voulu que la loi fût exécutée, il a enfin sérieusement organisé cet essentiel service.

Ce ne fut pas néanmoins sans discussion que le projet de la Commission fut adopté.

Lors de la première délibération, dans la séance de la Chambre du 19 juin 1888, deux amendements furent déposés qui demandaient l'un et l'autre la suppression des articles relatifs au service de l'inspection.

Le rapporteur répondit aux auteurs de ces amendements : « Ce système, qui consiste à attribuer aux agents de la police judiciaire, c'est-à-dire aux parquets et aux commissaires de police, la surveillance de l'application d'une loi semblable, a déjà fonctionné pendant longtemps en France. La loi de 1848 qui a fixé la durée légale de la journée de travail à douze heures était confiée aux fonctionnaires de cet ordre ; et, vous le savez, pendant des années, cette loi est restée lettre morte. On cite un

procès-verbal dressé par le parquet de Rouen. C'est, je
crois, le seul qui ait jamais été fait pendant une période
de plus de trente ans pour contravention à la loi de 1848.
Aussi nos prédécesseurs, les législateurs de l'Assemblée
nationale, arrivèrent-ils à la conclusion qu'un corps spécial d'inspecteurs était absolument nécessaire pour assurer l'application de lois de cette nature . . . . . . .

. . . . . . . . . . . . . . . . . . . . . . . . . . . . .

Ce corps spécial a été institué en 1874 ; d'année en année, ainsi que vous pouvez en juger par les rapports qui
vous sont distribués, son fonctionnement devient plus
efficace, la loi fait chaque jour des progrès : elle est
mieux connue, mieux comprise et plus pratiquée sur
tous les points du territoire ; elle entre de plus en plus
dans les mœurs industrielles ».

Et M. Pierre Legrand, ministre du commerce et de
l'industrie, appuyant les paroles du rapporteur, disait : « Ce corps des inspecteurs n'existerait pas que je
vous demanderais de le créer ».

La Chambre repoussa les amendements et vota le
texte de la Commission. Le principe de l'inspection, tel
que le projet de la Commission l'avait conçu, passa
dans la loi nouvelle.

Le rapport que M. Waddington fit au nom de la Commission serait à citer en entier (1). Nous nous borne-
rons à en transcrire rapidement quelques extraits.

_____

(1) Annexe au procès-verbal de la séance du 17 juillet 1890.

Après avoir rappelé les termes du rapport de M. Laporte, au Congrès des accidents, sur les origines de l'inspection, M. Waddington s'exprimait ainsi : « L'expérience le prouve : pour bien remplir un mandat, une fonction, il n'est rien de mieux qu'une responsabilité d'autant plus définie qu'elle est personnelle. Toutes les nations étrangères qui ont pris des mesures législatives pour la protection des enfants et des femmes ont chargé de l'exécution de ces mesures des surveillants spéciaux.

« Si nous conservons au corps des inspecteurs le prestige que lui confère sa mission spéciale, son titre de fonctionnaire du Gouvernement, relevant d'un seul et unique département ministériel, si nous lui donnons une meilleure organisation en mettant à sa tête un chef responsable, si nous créons des inspecteurs auxiliaires chargés des intérim et d'assister les titulaires les plus chargés, si nous augmentons les cadres trop faibles, nous n'apporterons aux défectuosités et lacunes signalées un remède efficace qu'en doublant l'action des inspecteurs divisionnaires par celle d'agents départementaux agissant sous leurs ordres et affectés plus spécialement au service local.

« Il faut le reconnaître, après l'expérience de seize années écoulées depuis 1874, il serait futile de s'en rapporter pour cette création à l'initiative des conseils généraux, l'organisation ne sera effective qu'à la condition d'être obligatoire. Mais, en vertu de la justice distributive, il est équitable que cette dépense soit proportionnelle à l'importance industrielle de chaque département ; que les crédits à inscrire soient en rapport avec les ressources financières que procure au budget local la production manufacturière de la région.....

« Pour assurer l'unité du service, nous proposons d'attribuer la nomination des inspecteurs tant divisionnaires que départementaux au Ministre du commerce et de l'industrie, après un concours dont les conditions d'admissibilité et d'examen seront déterminées pour chaque catégorie de fonctionnaires par la Commission supérieure ».

Puis, passant à la question des Commissions locales, M. Waddington exposait les motifs qui avaient conseillé la suppression de ces Commissions. Enfin il parlait des Commissions qui devaient être instituées dans l'unique intention de présenter des rapports sur l'exécution de la loi.

Les Commissions locales, en effet, instituées par la loi de 1874 afin de veiller à l'exécution de la loi et de contrôler le service de l'inspection, n'avaient produit que des résultats plutôt fâcheux.

Elles fatiguaient les chefs d'industrie par des inspections inutiles, et surtout elles étaient le plus souvent en conflit avec les inspecteurs eux-mêmes. En un mot, chargées de surveiller l'application de la loi, elles étaient devenues une entrave plutôt qu'une aide. Leur abolition s'imposait.

Et maintenant examinons les dipositions de l'article 17.

L'article est ainsi conçu : « Les inspecteurs du travail sont chargés d'assurer l'exécution de la présente loi et de la loi du 9 septembre 1848. Ils sont chargés en outre, concurremment avec les commissaires de police, de l'exécution de la loi du 7 décembre 1874 relative à la protection des enfants employés dans les professions ambulantes.

« Toutefois, en ce qui concerne les exploitations de mines, minières et carrières, l'exécution de la loi est exclusivement conférée aux ingénieurs et contrôleurs des mines qui, pour ce service, sont placés sous l'autorité du Ministre du commerce et de l'industrie ».

Cet article est, pour ainsi parler, un article de déclaration de principe.

Il ne crée pas les inspecteurs, puisque les inspecteurs existaient depuis la loi de 1874. Il les maintient et les fortifie. Il établit leurs attributions générales.

L'article très clair par lui-même ne comporte que très peu d'explications.

Les inspecteurs sont chargés d'assurer l'exécution de la loi de 1892 dans tous les établissements visés par la loi, sauf dans les mines, minières et carrières où le service de surveillance est dévolu aux ingénieurs et contrôleurs des mines. On conçoit aisément cette exception. Les ingénieurs et contrôleurs des mines par les fonctions mêmes qu'ils sont appelés à remplir étaient désignés naturellement pour le contrôle de l'exécution de la loi. Nul mieux qu'eux n'aurait pu remplir cette mission de surveillance.

Les inspecteurs sont chargés en outre d'assurer l'exécution de la loi du 9 septembre 1848 qui a réglementé la durée du travail des adultes, en fixant la journée à douze heures.

Primitivement les commissaires de police seuls avaient le soin de veiller à l'exécution de cette loi. Mais la loi du 17 février 1883, intervenue en faveur de l'application de la loi du 9 septembre 1848, avait confié ce soin aux inspecteurs du travail.

L'article 17 n'a donc fait sur ce point que confirmer l'œuvre du législateur de 1883.

Enfin les inspecteurs du travail sont chargés de l'exécution de la loi du 7 décembre 1874 relative à la protection des enfants employés dans les professions ambulantes.

Cette disposition se justifie pleinement par l'analogie très grande existant entre la loi du 7 décembre 1874 et la loi du 2 novembre 1892 qui, toutes deux, sont des lois de protection de l'enfance.

Il est bien entendu que, dans ces trois sortes d'attributions, les inspecteurs du travail n'ont pas un pouvoir exclusif de contrôle et de surveillance. Les officiers de police judiciaire, juges d'instruction, procureurs, juges de paix, commissaires de police ou gendarmes conservent le droit qu'ils tiennent du Code d'instruction criminelle, de rechercher, de constater et de poursuivre les infractions à la loi de 1892, comme toutes infractions à toutes autres lois. Ils exerceront donc leur droit, concurremment avec les inspecteurs. Mais ils devront s'efforcer d'apporter dans cette tâche une extrême attention pour ne pas empiéter sur les attributions des inspecteurs spécialement créés pour une surveillance spéciale.

Rappelons, en terminant ces explications, que l'article 4 de la loi du 12 juin 1893, relative à l'hygiène et à la sécurité des travailleurs, a remis aux inspecteurs du travail le soin de veiller à l'exécution de cette loi.

### § 2. — Article 18 : L'organisation de l'Inspection.

L'article 17 pose le principe de l'inspection ; l'article 18 fixe la composition, l'organisation et le mode de nomination du corps des inspecteurs.

Lorsque la Chambre des députés délibéra de nouveau sur le projet de loi adopté déjà par le Sénat, une discussion s'engagea, dans la séance du 18 juillet 1890.

Un amendement fut présenté par MM. Granger, Ernest Roche et Gabriel tendant à faire nommer les inspecteurs par les ouvriers.

Mais cet amendement repoussé par le Gouvernement et par la Commission le fut aussi par la Chambre.

Un autre amendement, soutenu par M. Maurice Faure,

avait pour but de faire nommer les inspecleurs départementaux par les Conseils généraux.

M. Jules Roche, ministre du commerce, et M. Ricard,
président de la Commission, combattirent l'amendement et la Chambre le repoussa.

Enfin M. de Lanjuinais demanda, par voie d'amendement, que tous les inspecteurs nommés par l'Etat,
fussent rétribués sur les fonds généraux du budget.

La Commission n'admit pas cet avis et l'amendement de M. de Lanjuinais ne fut par adopté ce jour-là.

Mais le 7 février 1891, M. de Lanjuinais demanda de
nouveau que les traitements des inspecteurs départementaux ne fussent pas compris parmi les dépenses obligatoires à la charge des départements et cette fois, malgré l'opposition de la Commission et du Gouvernement,
la Chambre lui donna raison.

L'article 18 contient plusieurs modifications à la loi
de 1874.

La loi de 1874 avait limité à quinze le nombre des
inspecteurs divisionnaires. La loi du 16 février 1883
qui, nous le répétons, mettait à la charge des inspecteurs du travail la surveillance de la loi du 9 septembre 1848 avait permis d'augmenter le nombre des inspecteurs divisionnaires, et le décret du 27 mars 1885 avait
fixé ce nombre à vingt et un.

L'article 18 de la loi de 1892 ne détermine pas le nombre des inspecteurs divisionnaires.

Il innove également en ce qui touche au mode de nomination des inspecteurs.

Sous l'application de la loi de 1874, les inspecteurs divisionnaires étaient nommés par le Ministre, les inspecteurs départementaux étaient nommés par les conseils généraux. La loi de 1892 a établi l'unité d'origine des inspecteurs.

Qu'ils soient divisionnaires ou départementaux, les inspecteurs sont nommés par le Ministre du commerce et de l'industrie.

Le corps des inspecteurs se compose :

1º Des inspecteurs divisionnaires ;

2º Des inspecteurs et inspectrices départementaux.

Les femmes peuvent être inspectrices départementales, mais jamais elles ne seront inspectrices divisionnaires.

Le nombre des inspecteurs divisionnaires et des circonscriptions n'étant pas fixé par la loi reste susceptible d'être modifié par le gouvernement.

Les inspecteurs départementaux sont placés sous l'autorité des inspecteurs divisionnaires. Ainsi est établie entre les inspecteurs une hiérarchie nécessaire.

Le droit de créer des postes d'inspecteurs départementaux n'appartient plus aux Conseils généraux. C'est le gouvernement qui par voie de décret, et après avis d'une part de la commission supérieure du travail et d'autre part du Comité des arts et manufactures, détermine les départements dans lesquels il y a lieu de créer des inspecteurs départementaux.

Ce décret, dit l'article 18, fixe le nombre, le traitement et les frais de tournée de ces inspecteurs.

Le législateur de 1874 n'avait pas eu à se féliciter de l'empressement des Conseils généraux à collaborer à l'exécution de la loi et nous ne saurions regretter par conséquent que le législateur de 1892, instruit par l'expérience, n'ait pas eu confiance en la sollicitude des autorités électives départementales.

Un décret du 15 décembre 1892 a désigné les départements qui doivent être pourvus d'inspecteurs départementaux.

Il a fixé également le nombre des postes qui doivent être attribués à des inspectrices.

Remarquons qu'une inspectrice départementale n'est nommée que lorsque le département comporte en outre un service d'inspecteur. En un mot, dans les départements où il y a une inspectrice, il y a toujours aussi un inspecteur.

Aux inspectrices appartient la visite des établissements où ne sont employées que des femmes. Aux inspecteurs est confié le soin de visiter les établissements dont le personnel est composé de femmes et d'hommes ou seulement d'hommes.

Toutefois le droit de visiter les établissements dont le personnel ouvrier est exclusivement féminin, appartient aux seuls inspecteurs, lorsqu'il s'y trouve des machines actionnées par l'électricité ou par la vapeur ou tout autre moteur mécanique.

Le décret du 13 décembre 1892 a fixé le nombre des inspecteurs divisionnaires et des inspecteurs départementaux. Il a créé les postes de onze inspecteurs divisionnaires, de soixante-neuf inspecteurs départementaux et de vingt-trois inspectrices départementales.

Il a établi cinq classes d'inspecteurs et inspectrices départementaux, et trois classes d'inspecteurs divisionnaires et il a fixé les différents traitements suivant les classes, ainsi que les indemnités pour frais de route et de séjour.

Une circulaire ministérielle du 19 décembre 1892 a établi et précisé les devoirs des inspecteurs, les rapports hiérarchiques des inspecteurs entre eux et les rapports administratifs des inspecteurs avec d'autres fonctionnaires tels que préfets et sous-préfets, maires et procureurs. Nous ne faisons que la signaler, en rappelant cependant l'état de subordination dans lequel se trouve l'inspecteur départemental à l'égard de l'inspecteur divisionnaire. L'inspecteur divisionnaire remplit un rôle de direction et de contrôle. C'est par son intermédiaire que les instructions ministérielles sont transmises à l'inspecteur départemental.

Celui-ci doit lui faire connaître l'itinéraire de ses tournées, lui adresser mensuellement un rapport sur les visites faites et lui soumettre avant de les transmettre au parquet tous les procès-verbaux dressés par lui. L'article 18, *in fine*, impose aux inspecteurs du travail la formalité du serment. Ce serment est reçu par le préfet du département, quand il s'agit d'un inspecteur départemental, et par le préfet du département où l'inspecteur divisionnaire a sa résidence, lorsque c'est un inspecteur divisionnaire qui prête serment. Dans ce dernier cas, le préfet agit par délégation du Ministre.

Les inspecteurs ne prêtent qu'une fois serment.

(Circulaires ministérielles du 30 novembre 1875 et du 1er mars 1876)

Ce serment est professionnel, puisque les inspecteurs ont le droit de dresser des procès-verbaux et remplissent par conséquent une fonction de police. Mais indépendamment du serment qu'ils prêtent de remplir leurs fonctions avec conscience, ils prêtent encore un serment en quelque sorte spécial, celui de ne point révéler les secrets de fabrication ou les procédés d'exploitation qui pourraient arriver à leur connaissance par suite de l'exercice de leurs fonctions. La violation de ce serment spécial est réprimée par l'article 378 du Code pénal.

Cet article de la loi pénale est relatif à la violation du secret professionnel.


ART. 19. — L'article 19 modifie la loi de 1874 en ce qui concerne les conditions d'admission aux fonctions d'inspecteur du travail.

Sous l'empire de la loi de 1874, les inspecteurs divisionnaires étaient nommés sur des listes de présentations de candidats ayant un titre d'ingénieur civil ou d'ingénieur de l'État, ou un diplôme de l'Ecole centrale des arts et manufactures, ou enfin ayant dirigé pendant cinq années un établissement industriel d'au moins cent ouvriers.

Cette liste de présentation était dressée par la Commission supérieure du travail et la nomination était faite par le Gouvernement.

Quant aux ingénieurs départementaux, ils étaient nommés par les Conseils généraux sans aucune formalité de présentation ou d'admissibilité.

La loi de 1892 ne fait plus aucune distinction, quant à la nomination, entre les inspecteurs divisionnaires et les inspecteurs départementaux. Elle établit des conditions d'admission autres que celles de la loi de 1874 et institue un principe nouveau : le principe du concours.

L'article 19 est conçu en ces termes :

« Désormais ne seront admissibles aux fonctions d'inspecteur divisionnaire ou départemental que les candidats ayant satisfait aux conditions et aux concours visés par l'article 22.

« La nomination au poste d'inspecteur titulaire ne sera définitive qu'après un stage d'un an ».

Nous examinerons, en étudiant l'article 22, les conditions de l'admissibilité et du concours.

Le dernier paragraphe de l'article 19 crée l'obligation d'un stage d'une année avant la nomination définitive au poste d'inspecteur titulaire. Un candidat aux fonctions d'inspecteur, lorsqu'il aura subi avec succès le concours, ne sera donc pendant un an qu'inspecteur stagiaire.

En ajoutant une instruction pratique à une instruction théorique, le législateur a voulu rendre plus complète la compétence professionnelle des inspecteurs titulaires et plus grande aussi leur autorité.

Il est utile de noter qu'aux termes de l'article 19, les conditions d'admissibilité et de concours ne s'appliquent pas aux inspecteurs en fonctions au moment du vote de la loi.

Nous verrons que l'article 22 le dit expressément.

Art. 20. — L'article 20 détermine avec précision les fonctions des inspecteurs. Il n'est que la reproduction, en partie du moins, des dispositions de l'article 18 de la loi de 1874.

Il est ainsi conçu :

« Les inspecteurs et inspectrices ont entrée dans tous les établissements visés par l'article 1er. Ils peuvent se faire représenter le registre prescrit par l'article 10, les livrets, les règlements intérieurs, et, s'il y a lieu, le certificat d'aptitude physique mentionné à l'article 2.

« Les contraventions sont constatées par les procès-verbaux des inspecteurs et inspectrices qui font foi jusqu'à preuve contraire.

« Ces procès-verbaux sont dressés en double exemplaire dont l'un est envoyé au préfet du département et l'autre déposé au parquet.

Les dispositions ci-dessus ne dérogent point aux règles du droit commun, quant à la constatation et à la poursuite des infractions à la présente loi ».

Tous les droits que l'article 20 confère aux inspecteurs appartiennent aux inspecteurs et inspectrices départementaux aussi bien qu'aux inspecteurs divisionnaires et sont communs aux inspecteurs titulaires et aux inspecteurs stagiaires.

La circulaire ministérielle du 19 décembre 1892 contenant l'instruction générale aux inspecteurs du travail sur l'exécution de la loi du 2 novembre 1892 a tracé longuement les règles de conduite que les inspecteurs sont tenus de suivre dans leurs visites. Bornons-nous à dire :

1° Que l'inspecteur en tournée doit toujours être muni de sa carte de service ;

2° Qu'il doit faire quelques visites de nuit, en s'efforçant toutefois « d'apporter dans ces visites du tact et de la discrétion, car les locaux font souvent partie du domicile privé de l'industrie ».

En ce qui concerne les visites dans les ateliers de famille, la circulaire s'exprime ainsi : « L'inspecteur usera de son droit de surveillance avec beaucoup de réserve. Il convient que, surtout lorsque l'atelier se confond avec le logement même de l'ouvrier, les visites y soient faites pendant les heures ordinaires du travail ; les inspecteurs s'abstiendront surtout de s'y présenter la nuit, et autant que possible aux heures de repas.

« Le contrôle ne sera ni vexatoire, ni même gênant pour les familles ouvrières ».

Les inspecteurs ont le droit d'entrer dans tous les établissements visés par l'article 1er de la loi. Il en résulte qu'ils n'ont qu'exceptionnellement le droit d'entrer dans les ateliers de famille. Nous savons, en effet, que l'inspecteur n'a le droit de pénétrer dans les ateliers de famille que lorsque le travail s'y fait à l'aide de chaudière à vapeur ou de moteur mécanique, ou lorsque l'industrie à laquelle on s'y livre est rangée parmi les établissements dangereux ou insalubres. Dans ce cas l'inspecteur intervient au nom de la salubrité et de la sécurité.

Les inspecteurs ont aussi le droit que leur confère l'article 31 d'entrer dans les établissements où sont occupés des enfants, en vertu d'un contrat d'apprentissage.

Le droit pour les inspecteurs d'entrer dans les établissements soumis aux prescriptions de la loi ne comporte aucune réserve. A toute heure du jour et de la nuit, ce droit peut être exercé. Les dispositions du Code d'instruction criminelle, relatives aux perquisitions domiciliaires qui ne peuvent être opérées que pendant le jour, ne s'appliquent point ici. En effet si les visites de nuit étaient interdites aux inspecteurs du travail, leur droit de surveillance serait le plus souvent illusoire, puisqu'ils seraient dans l'impossibilité de constater certaines infractions prévues et punies par la loi, telles que le travail de nuit des enfants et des femmes.

Il est entendu d'ailleurs que les inspecteurs sont toujours tenus d'apporter dans ces visites « du tact et de la discrétion ».

On ne comprendrait pas en effet que le législateur ait cru devoir donner un pouvoir aussi étendu aux inspecteurs, si ces derniers ne considéraient pas comme un devoir étroit d'apporter dans l'exercice de ce pouvoir la plus extrême délicatesse.

Bien qu'il ne s'agisse point ici d'un domicile privé, il n'est pas moins vrai que le droit de visite pendant la nuit dans un établissement industriel et plus particulièrement dans un établissement d'enseignement professionnel ou de bienfaisance est un droit d'une nature exceptionnelle, qui ne peut être et qui n'est justifié que par la nécessité d'une surveillance pratique sans laquelle la loi resterait sans effet.

Indépendamment du droit d'entrer dans les établissements visés par l'article 1er, les inspecteurs ont aussi le droit de contrôler les registres, les livrets, les certificats et les règlements intérieurs.

Nous savons ce que sont ces livrets, registres et certificats.

Enfin les inspecteurs ont le droit de constater les contraventions à la loi en dressant des procès-verbaux.

Ces procès-verbaux font foi jusqu'à preuve contraire.

Les Tribunaux sont maîtres d'apprécier si cette preuve contraire est acquise. Ils peuvent, en tout état de cause, acquitter le prévenu, s'ils jugent que ce dernier bénéficie d'une cause d'excuse ou d'un cas de force majeure (1).

Tout procès-verbal doit être dressé en double exemplaire ; l'un des exemplaires est envoyé au préfet du département dans lequel la contravention a été constatée et l'autre est déposé au parquet de l'arrondissement du lieu de l'infraction.

La circulaire du 19 décembre 1892 enjoint aux inspecteurs départementaux d'envoyer à l'inspecteur divisionnaire l'exemplaire réservé au parquet. Il s'ensuit que c'est l'inspecteur divisionnaire qui saisit l'autorité judiciaire, en adressant lui-même au parquet l'exemplaire du procès-verbal.

Aucun délai n'est fixé par la loi pour l'envoi du procès-verbal. Mais la circulaire du 19 décembre 1892 a prévu le cas et s'exprime ainsi : « Tout procès-verbal dressé par l'inspecteur départemental doit être envoyé dans les trois jours à l'inspecteur divisionnaire. Si celui-ci estime qu'il y a lieu d'y donner suite, il en saisit le parquet dans un délai de quinze jours au plus ».

Les inspecteurs du travail n'ont pas le privilège exclusif de dresser des procès-verbaux pour contraventions à la loi du 2 novembre 1892. L'article 20 dispose en effet,

_________________

(1) *Sic*, Edmond Mesnard, p. 93.

dans son paragraphe 4, qu'il n'est pas dérogé « aux règles du droit commun quant à la constatation et à la poursuite des infractions à la présente loi ».

Ce qui signifie que les officiers de police judiciaire,
tels que procureurs, juges d'instruction, juges de paix,
maires, commissaires de police et gendarmes ont, en ce
qui concerne les contraventions à la loi de 1892, le droit
de les rechercher et de les constater par des procès-verbaux.

Toutefois il faudrait bien se garder de croire que les
officiers de police judiciaire ont un droit égal à celui des
inspecteurs. Ils n'ont le droit de pénétrer dans les établissements industriels que dans le cas de flagrant délit
où lorsqu'ils sont munis d'un mandat décerné par le juge
d'instruction.

Ils peuvent constater les contraventions, il est vrai ;
mais si le législateur a tenu à créer un corps spécial
d'inspecteurs du travail, c'est pour que la surveillance
de la loi leur soit particulièrement réservée.

Les officiers de police judiciaire ne sauraient trop se
garder de vouloir exercer une sorte de contrôle sur les
actes des inspecteurs du travail. Le champ de leur devoir
professionnel est assez vaste pour qu'ils ne cherchent
pas à l'agrandir outre mesure.

L'action de la police judiciaire, si elle exerçait à côté
de la surveillance des inspecteurs du travail, risquerait
d'être une entrave au lieu d'être un appui.

Tout ce que nous venons de dire relativement aux

droits dévolus par la loi aux inspecteurs du travail s'applique aussi aux ingénieurs et contrôleurs des mines spécialement chargés de l'exécution de la loi dans les mines, minières et carrières.

Nous n'avons parlé que des droits conférés aux inspecteurs par l'article 20. Nous avons vu que d'autres attributions leur sont confiées par les articles précédents; nous ne faisons que le rappeler.

### § 3. — Article 21 : Statistique du travail.

L'article 21 est une innovation complète. La loi de 1874 ne contenait rien de semblable aux dispositions de cet article.

C'est à la proposition de loi de M. de Mun que le législateur a emprunté ces dispositions et l'on ne peut que l'en féliciter.

L'article 21 s'exprime ainsi : « Les inspecteurs ont pour mission, en dehors de la surveillance qui leur est confiée, d'établir la statistique des conditions du travail industriel, dans la région qu'ils sont chargés de surveiller.

« Un rapport d'ensemble résumant ces communications sera publié tous les ans par les soins du ministre du commerce et de l'industrie ».

Cette statistique est d'ordre général. Elle ne se contentera pas de fournir des renseignements sur les ouvriers protégés par la loi de 1892, elle contiendra des indications sur tout ce qui concerne le travail industriel de la région dont l'inspecteur a la surveillance, et comme l'a dit M. Waddington, dans son rapport, « sur le nombre des établissements industriels de la région, sur le personnel ouvrier tant majeur que mineur, sur les salaires de chaque branche de fabrication, sur la durée des heures de travail ».

Cette statistique est établie et par les inspecteurs ou inspectrices départementaux et par les inspecteurs divisionnaires. Les renseignements sont par eux recueillis dans les établissements de travail et les chefs d'établissements ont le devoir de faciliter leur tâche en leur fournissant des indications, sous peine d'encourir les pénalités édictées par l'article 29 de la loi.

Cette statistique est envoyée chaque année, en même temps que leur rapport sur l'application de la loi, par les inspecteurs départementaux aux inspecteurs divisionnaires.

Ces derniers adressent au ministre du commerce et de l'industrie toutes les statistiques de leur région, et le ministre, conformément au paragraphe 20 de l'article 21, publie annuellement un rapport général sur l'application de la loi.

### SECTION II. — La Commission supérieure et les Commissions départementales.

#### § 1. — La Commission supérieure.

Le législateur de 1892 a maintenu la Commission supérieure du travail que le législateur de 1874 avait instituée. Il a introduit seulement une légère modification en permettant aux membres du Parlement de faire partie de cette Commission.

Sous l'empire de la loi de 1874, les neuf membres qui composent la Commission étaient nommés par le Chef de l'État ; sous l'empire de la loi nouvelle, cinq sont nommés par le Chef de l'État et quatre par le Parlement, soit deux sénateurs et deux députés.

Les fonctions des membres de la Commission sont gratuites.

Voici en quels termes est conçu l'article 22 :

« Une Commission supérieure composée de neuf membres dont les fonctions sont gratuites est établie auprès du Ministre du commerce et de l'industrie. Cette Commission comprend deux sénateurs, deux députés élus par leurs collègues, et cinq membres nommés pour une période de quatre ans par le président de la République. Elle est chargée :

1° De veiller à l'application uniforme et vigilante de la présente loi ;

2° De donner son avis sur les règlements à faire et généralement sur les diverses questions intéressant les travailleurs protégés ;

3° Enfin d'arrêter les conditions d'admissibilité des candidats à l'inspection divisionnaire et départementale et le programme du concours qu'ils devront subir.

« Les inspecteurs divisionnaires nommés en vertu de la loi du 19 mai 1874 et actuellement en fonctions seront répartis entre les divers postes d'inspecteurs divisionnaires et d'inspecteurs départementaux établis en exécution de la présente loi sans être assujettis à subir le concours.

« Les inspecteurs départementaux pourront être conservés sans subir aucun concours ».

En ce qui regarde la composition de la Commission supérieure, la loi fixe à quatre ans la durée des pouvoirs des membres nommés par le chef de l'Etat. Mais elle est muette quant à la durée des pouvoirs des deux députés et des deux sénateurs qui font partie de cette Commission. Que faut-il admettre ? Nous pensons que les sénateurs et députés, membres de la Commission supérieure, restent membres de cette Commission tant qu'il plaît au Parlement de les maintenir dans leurs fonctions.

Un vote du Parlement les nomme, un vote du Parlement peut leur retirer leur mission.

Inutile d'ajouter que le fait de cesser d'être membre du Parlement entraîne de plein droit la cessation des fonctions de membre de la Commission supérieure.

Le président de la Commission peut, en droit, être nommé par la Commission elle-même.

Du moins le silence de la loi à cet égard autorise à penser ainsi.

Sous le régime de la loi de 1874, les choses se passaient de cette façon.

Cependant c'est le Ministre du commerce et de l'industrie qui a nommé le président.

La Commission aurait aussi le droit de nommer son secrétaire. Mais, en fait, elle a pour secrétaire le chef de bureau du ministère qui a dans ses attributions la surveillance de la loi de 1892.

La Commission supérieure se réunit au ministère du commerce, sur convocation de son président.

La tâche de la Commission est de veiller à l'application uniforme et vigilante de la loi, c'est-à-dire de s'assurer de la manière dont la loi est exécutée, dont les tolérances sont accordées, dont les contraventions sont poursuivies ; de donner son avis sur les règlements à faire et généralement sur les diverses questions intéressant les travailleurs protégés, c'est-à-dire de se prononcer sur l'interprétation à donner à la loi et la façon dont les règlements d'administration publique doivent être rédigés ; enfin d'arrêter les conditions d'admissibilité des candidats à l'inspection divisionnaire et départementale et le programme du concours qu'ils devront subir.

Sous le régime de la loi de 1874, la Commission supérieure arrêtait les listes de présentation des candidats pour la nomination des inspecteurs divisionnaires.

Sous l'empire de la loi nouvelle, ils arrêtent les conditions d'admissibilité et le programme des concours.

Nous avons dit déjà, en parlant de l'article 19, que les conditions d'admissibilité et de concours ne s'appli· quaient pas aux inspecteurs divisionnaires ou départementaux en fonctions au moment de la promulgation de la loi. L'article 22, dans ses avant-dernier et dernier paragraphes, le dit de la façon la plus expresse.

*Article* 23 (*rapport général annuel*).

L'article 23, qui n'est que la reproduction d'une prescription de la loi de 1874, est ainsi conçu :

« Chaque année, le président de la Commission supérieure adresse au président de la République un rapport général sur les résultats de l'inspection et sur les faits relatifs à l'exécution de la présente loi.

« Ce rapport doit être, dans le mois de son dépôt, publié au *Journal officiel.* »

Ce rapport renferme des explications sur la façon dont la loi a été appliquée, notamment sur les infractions constatées par le service de l'inspection, les procès-verbaux dressés et les pénalités appliquées. Il s'explique en outre sur les accidents dont les ouvriers ont été victimes. Il constate enfin de quelle manière la loi du 9 septembre 1848 a été exécutée.

## § 2. — Article 24 : Commissions départementales consultatives.

La loi de 1892 a fait disparaître les Commissions locales que la loi de 1874 avait créées pour contrôler le service de l'inspection. Néanmoins il a créé d'autres Commissions départementales qui n'ont plus une mission de contrôle, mais qui remplissent simplement un rôle consultatif.

Nous nous sommes précédemment expliqué sur les abus que les Commissions locales de contrôle avaient produits, sous l'empire de la loi de 1874, et la nécessité qui s'imposait au législateur de 1892 de faire cesser ces abus.

L'article 24 dispose que : « Les conseils généraux devront instituer une ou plusieurs Commissions chargées de présenter sur l'exécution de la loi et les améliorations dont elle serait susceptible des rapports qui seront transmis au Ministre et communiqués à la Commission supérieure.

« Les inspecteurs divisionnaires et départementaux, les président et vice-président du Conseil de prud'hommes du chef-lieu ou du principal centre industriel du département et, s'il y a lieu, l'ingénieur des mines font partie de droit de ces Commissions dans leurs circonscriptions respectives.

« Les Commissions locales instituées par les articles 20, 21 et 22 de la loi du 19 mai 1874 sont abolies ».

Donc le Conseil général a le devoir de créer au moins une Commission dans son département. Il lui appartient de décider s'il y a lieu d'en créer plusieurs, suivant l'importance industrielle du département.

Le Conseil général compose à son gré cette Commission. Le nombre des membres n'est pas fixé par la loi.

Quant à la durée des pouvoirs attribués aux membres de cette Commission, le législateur n'en parle pas. Il faut appliquer ici ce que nous avons dit au sujet des députés et sénateurs membres de la Commission supérieure. Un vote du Conseil général confère leurs attributions aux membres de la Commission, un vote du même Conseil peut les leur retirer.

A côté des membres nommés par le Conseil général, la loi place des membres qui en font partie de plein droit. Ces derniers sont les inspecteurs divisionnaires et départementaux, les président et vice-président du Conseil de prud'hommes du chef-lieu ou du principal centre industriel du département et, s'il y a lieu, l'ingénieur des mines.

Il est nécessaire évidemment, pour que l'ingénieur des mines soit membre de droit de la Commission, que dans la circonscription de cette Commission se trouvent des exploitations minières (Circulaire du 19 décembre 1892).

La loi garde le silence sur les nominations de président et de secrétaire de ces Commissions départementales. Nous pensons que ces nominations appartiennent aux Commissions elles-mêmes qui restent maîtresses de leur organisation intérieure (1).

Le rôle des Commissions départementales, avons-nous dit, est simplement consultatif.

Le législateur a tenu à éviter soigneusement que l'action des inspecteurs fût entravée par ces Commissions.

Les Commissions départementales ont donc pour unique mission d'émettre des avis, sous forme de rapports « sur l'exécution de la loi et les améliorations dont elle serait susceptible ». Ces rapports sont transmis au Ministre du commerce et de l'industrie qui les communique à la Commission supérieure.

Le dernier paragraphe de l'article 24 déclare abolies les anciennes Commissions locales que la loi de 1874 avait instituées.

### SECTION III. — Article : 25 Création de Comités de patronage.

L'article 25 institue dans chaque département des Comités de patronage.

C'est une innovation.

Le législateur a voulu ainsi rendre plus efficace et plus forte la protection des enfants employés dans l'indus-

---

(1) *Sic*, G. Lagrésille, p. 153.

trie, surtout au point de vue de leur instruction professionnelle. La pensée qui l'a inspiré est une pensée généreuse.

Voici l'article 25 :

« Il sera institué, dans chaque département, des Comités de patronage ayant pour objet :

« 1° La protection des apprentis et des enfants employés dans l'industrie ;

« 2° Le développement de leur instruction professionnelle.

« Le Conseil général, dans chaque département, déterminera le nombre et la circonscription des Comités de
patronage, dont les statuts seront approuvés dans le département de la Seine, par le Ministre de l'intérieur et
le Ministre du commerce et de l'industrie, et par les
préfets dans les autres départements.

« Les Comités de patronage seront administrés par
une Commission composée de sept membres, dont quatre seront nommés par le Conseil général et trois par le
préfet. Ils sont renouvelables tous les trois ans. Les
membres sortants pourront être appelés de nouveau à
en faire partie.

« Leurs fonctions sont gratuites ».


Ces dispositions très claires se passent de commentaires.

Remarquons seulement que les Comités de patronage
n'ont en aucune façon la mission d'intervenir, fût-ce

même à titre purement consultatif, dans l'exécution de
la loi. Leur unique tâche est de protéger les enfants dans
leur vie physique, dans leur moralité et dans leur instruction professionnelle. C'est une œuvre de surveillance charitable que le législateur leur a confiée.

# CHAPITRE VI

## LES PÉNALITÉS (art. 26, 27, 28 et 29).

### SECTION I. — **Nature de l'infraction.** — **Personnes punissables.**

Avec-les articles 26, 27, 28 et 29, nous abordons l'importante question des pénalités, c'est-à-dire de la sanction de la loi.

La loi nouvelle n'a pas innové un système de répression. Elle a emprunté une grande partie de ses dispositions à la loi antérieure de 1874, en modifiant toutefois la juridiction compétente.

La loi de 1874 avait attribué au tribunal correctionnel la connaissance des infractions ; la loi de 1892 l'attribue au tribunal de simple police.

Cependant, en cas de récidive, la juridiction correctionnelle est seule compétente (1).

Disons tout de suite que l'infraction à la loi étant une simple contravention de police, ainsi que cela a été expressément déclaré dans la séance de la Chambre du 8 février 1891, il s'ensuit :

(1) C'est sur la demande d'un député de la Sarthe, M. Vilfeu, que la Chambre, d'accord avec le Gouvernement et la Commission, admit dans la séance du 7 février 1891, cette différence de juridiction en cas de récidive.

1° Que l'action publique pour la répression de cette infraction se prescrit par un an (art. 640, C. instr. crim.);

2° Que la peine prononcée pour cette infraction se prescrit par deux ans (art. 639, C. instr. crim.);

3° Que l'excuse tirée de la bonne foi ne peut pas être invoquée.

Cependant il y a une exception, mais une seule, à cette règle que l'excuse de la bonne foi ne peut pas être invoquée. Elle a lieu lorsque l'infraction, dit le paragraphe 3 de l'article 26 : « a été le résultat d'une erreur provenant de la production d'actes de naissance, livrets ou certificats contenant de fausses énonciations ou délivrés par une autre personne ». Dans ce cas, la peine n'est pas applicable, et le prévenu doit être acquitté ; sa bonne foi l'excuse. Mais il faut absolument, pour que l'excuse puisse être invoquée, que le prévenu soit dans le cas strictement prévu et précisé par la loi.

Voici en quels termes l'article 26 est conçu :

« Les manufacturiers, directeurs ou gérants d'établissements visés dans la présente loi, qui auront contrevenu aux prescriptions de la dite loi et des règlements d'administration publique relatifs à son exécution, seront poursuivis devant le tribunal de simple police et passibles d'une amende de cinq à quinze francs.

« L'amende sera appliquée autant de fois qu'il y aura de personnes employées dans des conditions contraires à la présente loi.

« Toutefois, la peine ne sera pas applicable si l'infraction à la loi a été le résultat d'une erreur provenant de la production d'actes de naissance, livrets ou certificats contenant de fausses énonciations ou délivrés par une autre personne.

« Les chefs d'industrie seront civilement responsables des condamnations prononcées contre leurs directeurs ou gérants ».

L'article indique quelles sont les personnes punissables et quelle est la nature des infractions.

Les personnes punissables sont celles qui dirigent ou gèrent effectivement des établissements industriels ou des établissements d'enseignement professionnel ou de bienfaisance, en un mot, les directeurs ou gérants d'établissements énumérés par l'article 1er.

Il résulte de cette disposition que le propriétaire d'un établissement industriel n'est pas pénalement responsable s'il ne dirige pas lui-même effectivement son établissement. La jurisprudence a toujours décidé ainsi. Mais il faut pour que le propriétaire, chef d'industrie, mais non directeur ou non gérant, échappe entièrement à la responsabilité pénale, qu'il ne prenne aucune part à la gérance ou à la direction de l'établissement.

Voilà pour la responsabilité pénale.

Quant à la responsabilité civile il en est autrement. Le propriétaire d'un établissement industriel reste toujours soumis à la responsabilité civile.

C'est ce que dit expressément le paragraphe 4 de l'article, ne faisant en cela qu'appliquer un principe général de notre droit civil (article 1384, Code civil). Cependant cette responsabilité dépasse les limites ordinaires de la responsabilité civile. Non seulement elle porte sur les dommages-intérêts qui peuvent être demandés pour réparation du dommage et sur le paiement des frais de justice, mais elle porte encore sur l'amende qui peut être prononcée par le tribunal.

Il ne saurait s'élever aucun doute sur ce point. Les termes de l'article sont formels et la jurisprudence n'a jamais interprété autrement l'article 25 de la loi de 1874, dont l'article 26 de la loi nouvelle est la reproduction.

En ce qui concerne les infractions réprimées par l'article 26, ce sont d'une part les infractions aux prescriptions de la loi, et d'autre part les infractions aux règlements d'administration publique relatifs à l'exécution de la loi.

Nous avons passé en revue ces infractions, en étudiant successivement les articles de la loi.

Quant aux amendes édictées par l'article, elles sont moins élevées que celles établies par la loi de 1874. Aujourd'hui l'amende est une amende de simple police variant de 5 fr. à 15 fr. Cette amende s'applique à toutes les infractions de la loi, quelles qu'elles soient. De plus elle doit être prononcée « autant de fois qu'il y aura de personnes employées dans des conditions contraires à la présente loi ». Autrement dit, il y a cumul des amendes.

Si plusieurs contraventions ont été commises, il y aura autant d'amendes prononcées qu'il y a eu de contraventions commises. Si plusieurs personnes ont été employées dans des conditions contraires à la loi, l'amende sera appliquée autant de fois qu'il y aura de personnes employées.

Une question se pose, celle des circonstances atténuantes.

L'article 463 du Code pénal, relatif aux circonstances atténuantes, peut-il être appliqué aux amendes prononcées ? L'article 26 est muet à cet égard et son silence nous oblige à décider que l'article 463 du Code pénal n'est pas applicable ici, puisqu'il est admis que cet article pénal ne s'applique pas aux lois spéciales, quand ces lois n'en autorisent pas formellement l'application.

Ajoutons que le directeur ou gérant d'un établissement condamné à une amende pour infraction à la loi ne peut pas bénéficier de la loi du 26 mars 1891 sur l'atténuation des peines (loi Bérenger). La Cour de cassation a décidé en effet que cette loi est inapplicable aux contraventions de simple police.


### SECTION II. — Article 27 : Récidive.


L'article 27, relatif à la récidive, dispose que « en cas de récidive, le contrevenant sera poursuivi devant le tribunal correctionnel et puni d'une amende de seize à cent francs.

« Il y a récidive lorsque, dans les douze mois antérieurs au fait poursuivi, le contrevenant a déjà subi une condamnation pour une contravention identique.

« En cas de pluralité de contraventions entraînant ces peines de la récidive, l'amende sera appliquée autant de fois qu'il aura été relevé de nouvelles contraventions.

« Les tribunaux correctionnels pourront appliquer les dispositions de l'article 463 du Code pénal sur les circonstances atténuantes sans qu'en aucun cas l'amende pour chaque contravention puisse être inférieure à cinq francs. »

La loi nouvelle a modifié les dispositions de la loi de 1874, en matière de récidive. Elle a précisé les conditions de la récidive et réduit le taux de l'amende.

Bien que les infractions à la loi sur le travail industriel des femmes et des enfants et aux règlements d'administration publique relatifs à cette loi ne soient que de simples contraventions de police, le législateur a voulu que la récidive fût plus fortement réprimée. C'est pour cela qu'il a donné compétence au tribunal correctionnel pour connaître des infractions en cas de récidive et qu'il a décidé que l'amende serait appliquée autant de fois qu'il y aura de contraventions reconnues. Il n'existe donc plus, sous la loi nouvelle, une fixation d'un chiffre maximum que les condamnations ne peuvent dépasser et c'est en cela surtout que réside l'heureuse innovation de l'article 27.

Le cumul des peines se fait, en matière de récidive, devant la juridiction correctionnelle, comme elle se fait devant le tribunal de simple police, c'est-à-dire que le nombre des amendes prononcées égalera le nombre des contraventions nouvelles, même s'il ne s'agit que de la même personne.

Ainsi on devrait prononcer plusieurs amendes contre l'industriel qui aurait violé la loi plusieurs fois en faisant travailler un ouvrier au delà du temps fixé, en omettant d'exiger de ce même ouvrier son livret et en ne l'inscrivant pas sur son registre, parce qu'on se trouverait en présence de plusieurs contraventions, alors qu'il ne s'agit cependant que d'un seul ouvrier.

Il est bien certain que devant le tribunal correctionnel, aussi bien que devant le tribunal de simple police, l'industriel poursuivi pour infraction peut alléguer la force majeure ou prouver qu'il se trouve dans l'un des cas prévus exceptionnellement par le paragraphe 3 de l'article 26.

Le législateur a expressément admis, en cas de récidive, la possibilité d'appliquer les circonstances atténuantes. Néanmoins l'amende ne peut pas être abaissée au-dessous de 5 francs.

Sous l'empire de la loi de 1874, c'était sur chaque amende encourue que l'application des circonstances atténuantes devait être faite. La même règle doit être suivie sous le régime de la loi nouvelle.

Que faut-il décider, quant à la prescription des infractions et à la prescription des peines, en matière de récidive ?

La loi gardant le silence à cet égard, ce sont les délais de la prescription en matière correctionnelle qu'il faut appliquer ici, bien que l'infraction ne change pas de nature et demeure toujours une simple contravention de police, car c'est la nature de la peine qui détermine le délai de la prescription. Or la peine en matière de récidive est une peine correctionnelle. Donc la poursuite se prescrit par trois ans et la peine se prescrit par cinq ans.

Demandons-nous maintenant quelles sont les conditions qui constituent l'état de récidive.

Il faut, pour qu'il y ait récidive, la réunion de plusieurs conditions.

Ces conditions sont au nombre de trois :

1° Il faut que l'industriel poursuivi ait subi une première condamnation.

2° Il faut en outre qu'il soit poursuivi pour un fait identique à celui pour lequel il a déjà été condamné.

3° Il faut enfin que la nouvelle contravention ait eu lieu dans les douze mois qui ont suivi la première condamnation.

Il faut, disons-nous, que le contrevenant ait déjà subi une condamnation. Il s'agit ici d'une condamnation pénale et non pas d'une condamnation comme civilement responsable.

En d'autres termes, il faut qu'il y ait eu jugement de condamnation pénale.

Il faut de plus que cette condamnation antérieure ait été prononcée pour une contravention identique. Ce mot identique doit être entendu dans le sens de contravention réprimée par la même disposition de la loi, par le même article. Il serait superflu de multiplier les exemples de contraventions identiques.

Disons seulement qu'il y a identité dans le fait, pour un chef d'établissement, d'être poursuivi pour avoir fait travailler des enfants pendant la nuit, alors que ce chef d'établissement a déjà été condamné pour avoir fait travailler des enfants pendant la nuit. Au contraire, il n'y a pas identité dans le cas d'un chef d'établissement qui, après avoir été condamné pour avoir fait travailler des enfants pendant la nuit, est poursuivi pour violation du repos hebdomadaire.

Il faut, en dernier lieu, pour qu'il y ait récidive, que le jugement de condamnation pour une première contravention identique ait été prononcé dans les douze mois qui ont précédé le nouveau fait contraventionnel.

La Cour de cassation (1) a jugé que ce sont les dates du jugement et du procès-verbal qui fixent les limites du temps écoulé.

(1) Cassation, juin 1883.

### SECTION III. — **Article 28 : Affichage et insertion.**

L'article 28 reproduit intégralement et textuellement l'article 27 de la loi de 1874. Il est conçu en ces termes :

« L'affichage du jugement peut, suivant les circonstances et en cas de récidive seulement, être ordonné par le tribunal de police correctionnelle.

« Le tribunal peut également ordonner, dans le même cas, l'insertion du jugement aux frais du contrevenant dans un ou plusieurs journaux du département. »

Ces dispositions ne comportent pas de commentaires.

Elles permettent au tribunal correctionnel, en matière de récidive, d'ordonner, s'il le juge utile suivant les circonstances, d'une part l'affichage du jugement de condamnation, d'autre part l'insertion du même jugement de condamnation dans un journal ou plusieurs journaux du département.

L'insertion est faite, dit l'article, aux frais du contrevenant. Quoique la loi soit muette, relativement aux frais d'affichage du jugement, il faut, croyons-nous, décider que les frais sont, comme ceux de l'insertion, à la charge du contrevenant.

### SECTION IV. — Article 29 : Obstacle mis à l'accomplissement des devoirs d'un inspecteur.

L'article 29 qui punit d'une amende toute personne qui aura mis obstacle à l'accomplissement des devoirs d'un inspecteur, va plus loin que ne l'avait fait la loi de 1874. Sous le régime de cette loi, seul le chef d'établissement pouvait être poursuivi s'il s'était rendu coupable de l'infraction.

La disposition nouvelle est donc beaucoup plus large : elle atteint toutes les personnes qui auront fait obstruction à la mission des inspecteurs.

Sommes-nous ici en présence d'un délit ou seulement d'une simple contravention ?

Il résulte des déclarations faites au Sénat, lors de la dernière délibération, que le fait de mettre obstacle à l'accomplissement des devoirs d'un inspecteur n'est pas une contravention, mais un délit.

L'article 29 s'exprime ainsi :

« Est puni d'une amende de cent à cinq cents francs quiconque aura mis obstacle à l'accomplissement des devoirs d'un inspecteur.

« En cas de récidive, l'amende sera portée de cinq cents à mille francs.

« L'article 463 du Code pénal est applicable aux condamnations prononcées en vertu de cet article ».

L'infraction que punit l'article 29 peut provenir d'un

fait quelconque dont le résultat a été ou aurait pu être de mettre obstacle à l'exercice de l'une des fonctions de l'inspecteur et par conséquent à l'accomplissement de ses devoirs. Peu importe que le fait ait eu ou n'ait pas eu un résultat effectif. Ici la tentative est réputée pour le fait.

Une fausse déclaration faite à l'inspecteur doit être considérée comme mettant obstacle à l'exercice de ses fonctions.

Si la personne qui met ou essaye de mettre obstacle à l'exercice de la mission de l'inspecteur, l'outrage en outre par paroles, gestes ou menaces, elle commet un autre délit distinct de celui que prévoit et réprime l'article 29.

Au délit d'obstruction à l'accomplissement des devoirs de l'inspecteur, elle ajoute le délit d'outrage envers un citoyen chargé d'un ministère public et tombe de ce chef sous l'application de l'article 224 du Code pénal.

De même, si cette personne qui met ou tente de mettre obstacle à l'exercice de la mission de l'inspecteur, joint à cet acte des violences ou des voies de fait contre l'inspecteur, elle commet encore un autre délit distinct de celui prévu par l'article 29.

Au délit d'obstruction à l'accomplissement des devoirs de l'inspecteur, elle ajoute le délit de violences ou voies de fait contre un citoyen chargé d'un ministère public et tombe par conséquent sous le coup de l'article 230 du Code pénal.

Remarquons que comme il s'agit, dans l'un ou l'autre de ces cas, de deux délits, le tribunal correctionnel ne prononcera qu'une seule peine dont le maximum ne dépassera pas la peine la plus forte (1).

Il est bien entendu que l'article 29 s'applique aussi bien aux ingénieurs et contrôleurs des mines chargés de l'inspection qu'aux inspecteurs du travail (2).

Comme il s'agit dans l'article non plus d'une contravention mais d'un délit, il faut admettre que le contrevenant peut opposer l'excuse tirée de la bonne foi.

Quant à la prescription, c'est la prescription de trois ans pour l'infraction et de cinq ans pour la peine qui devra être appliquée.

La récidive n'est plus soumise à la condition spéciale du délai de douze mois, comme dans les cas de contraventions prévus par les articles 26 et 27. Elle suit les règles du droit commun.

Enfin le dernier alinéa de l'article déclare formellement que l'article 463 du Code pénal, relatif aux circonstances atténuantes, est applicable aux condamnations prononcées.

(1) *Sic*, Edmond Mesnard, p. 133.
(2) *Sic*, G. Lagrésille, p. 177.

# CHAPITRE VII



DISPOSITIONS SPÉCIALES (art. 30, 31 et 32).

ART. 30. — « Les règlements d'administration publique nécessaires à l'application de la présente loi seront
rendus après avis de la Commission supérieure du travail et du Comité consultatif des arts et manufactures.

« Le Conseil général des mines sera appelé à donner
son avis sur les règlements prévus en exécution de l'article 9 ».

En rendant obligatoires l'avis de la Commission supérieure du travail et celui du Comité consultatif des
arts et manufactures, le législateur de 1892 est allé plus
loin que ne l'avait fait le législateur de 1874.

Le Gouvernement est obligé de consulter le Conseil
général des mines préalablement à la rédaction d'un règlement d'administration publique concernant le travail
dans les mines, minières et carrières.

En droit le Gouvernement n'est pas tenu de se conformer à ces avis. Mais, en fait, il lui serait fort difficile
d'avoir une opinion contraire à l'opinion de la Commission supérieure du travail et du Comité consultatif des
arts et manufactures.

Le Comité consultatif des arts et manufactures a été créé (1) pour étudier les questions qui lui sont soumises par le Ministre du commerce et de l'industrie. Les membres nommés par le chef de l'Etat sur la proposition du Ministre du commerce sont pris dans différents corps notamment dans le corps des mines et celui des ponts et chaussées et deux sont obligatoirement désignés parmi les conseillers d'Etat.

Quant au Conseil général des mines, il a été créé par un décret organique du 18 novembre 1810. Il est composé des inspecteurs généraux des mines.

On s'est posé cette question : l'avis du Conseil général des mines, quand il s'agit de règlements intéressant les mines, minières et carrières, exclut-il l'avis du Comité consultatif des arts et métiers ? Bien que la rédaction de l'article ne soit pas claire sur ce point, nous croyons cependant conforme à l'esprit de la loi de décider que l'avis du Conseil général des mines exclut celui du Comité consultatif des arts et manufactures (2). Donc lorsqu'il se propose de confectionner un règlement sur les mines, minières et carrières, le Gouvernement est tenu de prendre seulement l'avis du Conseil général des mines et celui de la Commission supérieure du travail.

Art. 31. — « Les dispositions de la présente loi sont applicables aux enfants placés en apprentissage et employés dans un des établissements visés à l'article 1er. »

(1) V. Décrets des 5 janvier 1861 et 29 septembre 1869.
(2) *Sic*, G. Lagrésille, p. 181.

Cet article est plus large que l'ancien article 30 de la loi de 1874. Ce dernier énumérait les prescriptions applicables aux apprentis. La loi nouvelle ne se livre à aucune énumération, ce qui vaut mieux pour la facilité d'interprétation du texte et elle déclare simplement que toutes ses dispositions sont applicables aux apprentis.

La loi du 4 mars 1851 sur l'apprentissage n'en reste pas moins en vigueur. Seules sont abrogées les dispositions de cette loi qui pourraient être en contradiction avec les dispositions de la loi du 2 novembre 1892. Par conséquent, toutes les dispositions de la loi du 4 mars 1851 qui concernent les apprentis placés dans les établissements autres que ceux visés à l'article 1er de la loi de 1892 continuent à avoir leur plein effet.

Nous ferons observer que relativement aux pénalités, une question peut se poser, celle de savoir quel est le système de pénalités qu'on doit appliquer lorsque l'infraction est prévue à la fois par la loi de 1851 et par la loi de 1892. Nous estimons qu'il est conforme à l'esprit du législateur de décider que c'est le système des pénalités de la loi de 1892 qu'il faut uniquement appliquer (1).

Art. 32. — Comme le législateur de 1874 l'avait fait, le législateur de 1892 a accordé un délai pour la mise à exécution de la loi.

Dans la séance de la Chambre du 7 février 1891,

_______________

(1) *Sic*, Edmond Mesnard, p. 138 et G. Lagrésille, p. 188.

M. Chiché avait demandé que la loi fût appliquée immédiatement; mais son amendement fut repoussé.

Après plusieurs discussions et plusieurs votes, tant au Sénat qu'à la Chambre, sur la durée du délai accordé pour la mise à exécution de la loi, il fut décidé qu'une date serait fixée et cette date fut celle du 1er janvier 1893.

L'article 32 ne comporte aucun commentaire. Il est ainsi conçu :

« Les dispositions édictées par la présente loi ne seront applicables qu'à dater du 1er janvier 1893.

« La loi du 19 mai 1874 et les règlements d'administration publique rendus en exécution de ses dispositions seront abrogés à la date susindiquée ».

# TROISIÈME PARTIE

---

## CHAPITRE PREMIER



Nous connaissons l'œuvre du législateur de 1892.

Si nous cherchons quels ont été les résultats de la loi, nous voyons que plusieurs grèves ont éclaté le lendemain même de son application et que les protestations n'ont pas tardé à s'élever contre elle.

Il fallait s'y attendre. La limitation à onze heures de la durée du travail des femmes et à dix heures de la durée du travail des filles mineures et des enfants devait fatalement jeter un certain trouble dans la grande industrie. De pareilles réformes ne se font pas sans obstacle et sans à-coup. D'une part, dans certains établissements industriels, on pensa que l'emploi des enfants ne pouvait pratiquement continuer et les enfants furent renvoyés. D'autre part, dans les filatures et les tissages, les chefs d'industrie jugeant impossible d'avoir deux régimes différents du travail, fixèrent aussi à onze heures la durée de la journée du travail des hommes pour que cette journée ne dépassât pas la journée de travail des femmes.

Mais alors se posa la question du salaire. La diminution des heures de travail entraînerait-elle la diminution du salaire ?

Au mois de janvier 1893, à Amiens, le syndicat des tisseurs tenait une réunion et décidait de demander aux patrons une augmentation de prix de 1/12 sur les tarifs payés pour un même numéro de fil. Dans les établissements de tissage, le travail se fait généralement à la tâche.

Quelques semaines plus tard, en février 1893, les membres de la Chambre de commerce de Tourcoing, émus des difficultés que suscitait l'application de la loi, soumirent un rapport au Ministre du commerce et de l'industrie (1). Ils demandaient que la stricte observation de la loi fût reportée à une date plus éloignée, à un an ou au moins à six mois. Ils appelaient particulièrement l'attention sur les difficultés soulevées par l'article 3 de la loi. Dans l'industrie textile des ouvriers de sexe et d'âge différents travaillent sur le même métier. La cessation du travail pour les uns entraîne la cessation du travail pour les autres. Le moyen, disait la Chambre de commerce de Tourcoing, de parer à cette éventualité serait de tolérer jusqu'à nouvel ordre, dans l'industrie textile, le travail de onze heures pour les femmes, les filles et les enfants afin

_______________

(1) Journal *La vraie France*, de Lille, 15 février 1893.

d'arriver à un même chiffre d'heures pour tous les ouvriers et ouvrières, adultes et non adultes.

Ce ne fut pas seulement dans le Nord que des protestations s'élevèrent ; il s'en produisit dans l'Est, à Lyon, dans la région de Saint-Etienne et dans le Midi.

L'unification des journées de travail avait produit un peu partout une diminution assez sensible du salaire. Les filatures, les tissages, les ateliers de moulinage, les fabriques de lacets subirent des grèves qui fort heureusement ne durèrent que peu de jours. Certaines de ces grèves triomphèrent dans leurs revendications ; plusieurs échouèrent complètement ; quelques-unes enfin se terminèrent par des transactions.

Voici d'ailleurs les résultats généraux que constate le rapport de la Commission supérieure du travail pendant l'année 1893.

Relativement à la durée de la journée, le rapport établit que la stricte application des prescriptions de l'article 3 présente de grandes difficultés.

« Dans un certain nombre d'industries, le travail soit de l'enfant, soit de la femme est un auxiliaire nécessaire du travail de l'homme ; il est dès lors impossible de diminuer l'un sans imposer la même réduction à l'autre. Pour se soumettre à la loi, les chefs de ces industries devaient donc choisir entre trois alternatives : ou réduire à dix heures la durée de la journée pour tout le personnel, ou éliminer de leurs usines le personnel protégé et ne conserver que des ouvriers adultes, ou enfin organiser des relais à l'aide d'équipes tournantes, passant successivement sur un nombre déterminé de métiers et permettant de conserver à l'usine la même durée de marche sans que, cependant, les enfants et les femmes aient une durée de travail défendue par la loi ».

Le rapport explique que c'est à ce dernier moyen que les chefs d'industries ont eu recours et montre que ce système de relais n'est pas à l'abri de toute critique et surtout rend presque impossible le contrôle de l'inspection. Puis il conclut ainsi sur cette question si importante et si grave de la durée du travail : « En résumé, l'application des dispositions de l'article 3 de la loi du 2 novembre 1892, qui fixe une durée de travail différente pour chaque catégorie d'ouvriers, rencontrera toujours, dans un grand nombre d'industries, des difficultés réelles. Le seul remède pratique à cette situation, tous les inspecteurs le déclarent, consiste dans l'unification de la durée de la journée pour tous les travailleurs protégés. Des propositions de loi dans ce but ont été déposées et étudiées au Sénat et à la Chambre des députés. La Commission supérieure appelle de tous ses vœux une prompte solution de cette importante question ».

En ce qui concerne le travail de nuit, le rapport est très satisfaisant. On se rappelle avec quelle ardeur les députés des Vosges avaient protesté contre la suppression du travail de nuit des femmes. Il était intéressant de savoir quels avaient été, dans cette région, les résultats de la loi. Or voici ce que dit, dans son rapport, l'inspecteur de la 4ᵉ circonscription : « Dans le département des Vosges où l'on comptait l'année dernière une vingtaine de filatures de coton marchant jour et nuit, on n'en trouve plus maintenant que cinq ou six qui continuent avec des hommes de plus de 18 ans.... Il est probable que, d'ici à peu de temps, le travail de nuit aura cessé pour le plus grand bien de la classe ouvrière.

« Les patrons sont arrivés à se passer des services des enfants et des femmes, la nuit, en augmentant leurs métiers de préparation. Cela a été pour eux une occasion de grandes dépenses devant lesquelles ils n'ont pas reculé, afin de ne pas diminuer leur production ».

Et ce que le rapport de la Commission constate pour les filatures de coton des Vosges, il le constate aussi pour les peignages de laine du Nord et de la Marne, les filatures et ateliers de cardage de la laine du Tarn, de l'Aude, de l'Isère, les stéarineries de Marseille, les fabriques de lacets de Saint-Chamond.

Quant au système de la double équipe, il est condamné par les inspecteurs ; c'est un système qui favorise la violation de la loi.

Relativement aux pénalités, le rapport nous apprend que 98 procès-verbaux ont été dressés.

Enfin le rapport se termine ainsi : « Telles sont les observations auxquelles a donné lieu la première année d'application de la loi du 2 novembre 1892. On peut en conclure que, si la nouvelle réglementation du travail est susceptible sur certains points de quelques améliorations, ses dispositions pourront néanmoins, dans leur ensemble, être observées rapidement sans difficultés sérieuses pour l'industrie ».

Malgré tout, malgré les grèves, malgré les protestations que font encore entendre aujourd'hui les adversaires déclarés de toute réglementation du travail des femmes, nous croyons fermement que si la loi du 2 novembre 1892 a malheureusement des lacunes et des défauts, elle n'en est pas moins une loi nécessaire. Les difficultés de son application ne doivent pas faire méconnaître la grandeur du but visé. La loi est bonne, mais on lui fait subir, par voie de décrets réglementaires, des transformations qui la défigurent et la détruisent morceau par morceau.

Examinons maintenant les modifications qu'on y a proposées.

# CHAPITRE II

MODIFICATIONS PROPOSÉES A LA LOI.

A la suite des grèves qui éclatèrent au lendemain de l'application de la loi, on ne tarda pas à parler de sa revision.

Dès le commencement de l'année 1893, M. Maxime Lecomte saisissait le Sénat d'une proposition de loi ayant pour but de modifier la loi du 2 novembre 1892. Nommé rapporteur de sa proposition par la Commission sénatoriale chargée de l'examiner, l'honorable sénateur, dans son rapport déposé à la séance du 27 février 1893, justifiait en ces termes le dépôt de sa proposition (1) :

« La légitimité des griefs opposés au régime nouveau se manifestait de telle façon qu'il semblait urgent de le modifier. Les ouvriers protestaient avec la même vivacité que leurs patrons. Dans la Seine-Inférieure, une pétition était revêtue de plus de 3200 signatures. Dans la Somme, des délégués des ouvriers remettaient au préfet du département une lettre dans laquelle ils disaient : les travailleurs indépendants et syndiqués, afin de bien faire ressortir leur désir de conciliation, ont l'honneur, M. le Ministre, de vous demander d'appuyer la revision

---

(1) Sénat, Documents. Annexe n° 34, Session ordinaire, 1894.

de la loi du 2 novembre 1892 en ce sens : la journée légale maxima est fixée à onze heures pour tous les ouvriers, ouvrières et employés indistinctement.

Puis, après avoir exposé les inconvénients qui résultent de l'article 3 et développé des considérations sur la journée de dix heures et la journée de onze heures, M. Maxime Lecomte terminait son rapport par cette proposition de loi :

### PROPOSITION DE LOI.

Article unique. — « L'article 3 de la loi du 2 novembre 1892 est modifié ainsi qu'il suit : les jeunes ouvriers et ouvrières, jusqu'à l'âge de dix-huit ans, et les femmes ne peuvent pas être employés à un travail effectif de plus de onze heures par jour. Les heures de travail seront coupées par un ou plusieurs repos dont la durée totale ne pourra pas être inférieure à une heure et pendant lesquels le travail sera interdit ».

La première délibération sur cette proposition de loi eut lieu, au Sénat, le 12 juin 1894, et M. Maxime Lecomte, faisant fonction de rapporteur, rappela les motifs de sa proposition, cita des rapports d'inspecteurs, parla des grèves déterminées par ce qu'il nommait « la tentative d'application de l'article 3 de la loi du 2 novembre 1892 » et précisa ainsi la résolution prise par la Commission : « l'unification à onze heures, d'abord, pour les personnes protégées dans le premier article de la loi, et ensuite pour les hommes en modifiant le décret-

loi de 1848, tout en laissant, bien entendu, car il le
faut, un certain délai aux industriels qui sont habitués
à compter sur l'ancienne organisation du travail, pour
leur permettre de s'adapter au nouvel état de choses....
Votre Commission pense que, en adoptant la limite de
onze heures, nous aurons avec nous l'opinion publique
et l'assentiment presque général des patrons et des
ouvriers. . . . . . Nous demandons la limitation de la
journée de travail à onze heures ; nous nous opposons
à la limitation à dix heures qui constituerait un à-coup ;
nous pensons que ce serait une mesure excessive qui
par suite manquerait son but et ne serait pas favorable
aux ouvriers dont les salaires se trouveraient très sérieusement menacés . . . . .   . . . . . . . . . . .

« En Angleterre, en Amérique, on pratique la journée
de dix heures et même moins, cinquante-six ou cinquante-quatre heures par semaine, cela est vrai, mais il
n'échappe à personne que les deux pays ne sont nullement — pour des raisons diverses — dans les mêmes
conditions économiques que la France. Si nous res-
tons sur le Continent, nous voyons qu'en Suisse la loi
du 23 mars 1877 a fixé à onze heures la journée de travail pour tous, pour les hommes comme pour les femmes et les enfants. Nous sommes en avance sur bien
des pays, c'est-à-dire sur l'Italie, l'Espagne, le Dane-
mark, la Suède, la Norwège, la Russie et la Belgique ;
partout les femmes peuvent travailler onze heures ; et
en Allemagne, si nous considérons ce voisin qui est un

de nos concurrents industriels principaux, vous savez qu'à partir de seize ans, il n'y a pas de limitation.

La conférence de Berlin, je puis le rappeler, avait simplement dans ses desiderata proposé pour les femmes la limitation à onze heures. . . . . . . . . . . . . Les ouvriers seront partisans, nous pouvons en être convaincus, de cette modification à la loi de 1892. Ce sera une œuvre profondément et légitimement populaire. Nous aurons aussi avec nous les industriels dont beaucoup, depuis longtemps, demandent cette modification ».

Le Sénat adopta les différentes modifications proposées par la Commission, puis décida de passer à une deuxième délibération. Cette deuxième délibération eut lieu dans les séances des 10 et 13 juillet 1894.

M. Buffet reprocha à la Commission d'être sortie de sa mission en procédant à une revision générale de la loi de 1892 dont on ne l'avait nullement chargée.

Finalement le Sénat adopta les différents articles et l'ensemble du projet de loi.

Voilà pour le Sénat.

Quant à la Chambre des députés, elle s'est occupée, elle aussi, de modifications à apporter à la loi de 1892.

Le 20 février 1893, M. le baron Piérard présentait une proposition de loi tendant à modifier la loi du 2 novembre 1892 et rappelant, dans son exposé des motifs, quels inconvénients résultaient de l'article 3 de cette loi, il concluait ainsi (1) :

(1) Chambre, session ordinaire 1894, Documents, p.94.

« Le seul moyen de couper court à ces graves inconvénients serait d'établir une durée de travail uniforme pour tous, soit qu'on adopte la durée de onze heures établie actuellement pour les femmes, soit qu'on préfère limiter la journée à dix heures. Comme la loi le décide pour les enfants, cette durée de dix heures, que la Chambre a du reste adoptée à plusieurs reprises, serait la meilleure ».

## Proposition de loi.

Article unique. — « Il est établi une durée de travail unique pour les femmes, les filles mineures et les enfants employés dans les usines, manufactures et autres établissements industriels énumérés à l'article 1$^{er}$ de la loi du 29 octobre 1892.

« Cette durée ne pourra pas dépasser dix heures par jour, ni six jours par semaine ».

Cette proposition de loi fut renvoyée à la Commission du travail (Commission parlementaire) et ne fut pas discutée.

Mais dans la séance du 23 novembre 1893, MM. Louis Ricard, Guyesse, Dron, Cosmao-Dumeney et Maruejouls déposèrent une nouvelle proposition de loi qui tendait également à la revision de la loi de 1892. Dans l'exposé des motifs, les auteurs de cette proposition s'exprimaient ainsi : « Pour que la loi du 2 novembre 1892 n'aboutisse pas à une profonde désillusion dans le monde des travailleurs, pour qu'elle n'apparaisse pas à ceux-ci comme un trompe-l'œil ne leur procurant aucune amélioration réelle, il est nécessaire d'y apporter quelques rectifications sur les points où les complications ou les anomalies de son texte ont permis d'en paralyser les effets. Il faut fixer une même durée de travail pour tous les ouvriers, veiller à ce que cette durée ne soit pas étendue abusivement et rendre effective l'interdiction du travail de nuit pour les enfants, les filles mineures et les femmes ».

La Commission d'initiative parlementaire, chargée d'examiner la proposition de loi, nomma rapporteur M. Fougeirol et ce dernier déposa son rapport le 9 décembre 1893.

Ce très court rapport énonçait que la Commission d'initiative avait été frappée du caractère d'urgence de la proposition de loi et qu'elle en avait voté à l'unanimité la prise en considération.

La Chambre vota la prise en considération et la proposition fut soumise à l'examen de la Commission du travail. Le 10 février 1894, M. Louis Barthou, rapporteur, déposa son rapport.

Les auteurs de cette proposition de loi demandent que le travail effectif des enfants de l'un et l'autre sexe, âgés de moins de dix-huit ans, et celui des filles et des femmes de tout âge, soit limité à une durée de dix heures par jour, coupées par un ou plusieurs repos, dont la durée totale ne pourra être inférieure à une heure, pendant lesquels le travail sera interdit. Ils demandent aussi que le travail de chaque équipe soit continu, sauf l'interruption pour le repos. Ils préconisent en outre d'autres modifications moins importantes telles que la suppression des mots « à certaines époques de l'année » dans le paragraphe 4 de l'article 4.

En définitive, la proposition de M. Ricard et de quelques-uns de ses collègues a surtout comme caractéristique l'unification de la journée de travail fixée à dix heures pour les femmes, les filles mineures et les enfants.

Cette proposition de loi n'a pas encore été discutée par la Chambre des députés, mais la Commission du travail l'étudie ; elle étudie également la proposition de loi votée par le Sénat et transmise à la Chambre. Au mois de novembre 1894, elle a adopté, conformément à la proposition votée par le Sénat, la limitation de la journée de travail à onze heures pour les femmes, les filles mineures et les enfants. Toutefois elle a décidé que cette unification serait réduite à dix heures, après un délai de trois ans à partir de la promulgation de la loi.

A cette heure, la Commission parlementaire du travail continue l'examen des modifications proposées à la loi du 2 novembre 1892.

Que sortira-t-il de cet examen ? Il serait difficile de le dire avec précision. La Commission semble vouloir prendre une moyenne entre la fixation à dix heures proposée par M. Ricard et la fixation à onze heures votée par le Sénat.

Quelle que puisse être la résolution définitive de la Commission, nous ne faisons pas difficulté de reconnaître que la question est des plus délicates.

L'article 3 de la loi du 2 novembre 1892 devait susciter des protestations ; les protestations n'ont pas manqué.

Il faut admettre cependant qu'une loi de réformes comme celle-là ne saurait évidemment être appliquée sans soulever des protestations et sans rencontrer des obstacles. Toute la question est de savoir si les obstacles sont de nature à faire rétrograder la loi. Il est bien évident qu'une loi n'est pratiquement bonne qu'autant qu'elle peut atteindre le but en vue duquel elle a été créée. Or serait-il vrai, comme certains le prétendent, que le but visé par le législateur de 1892 ait été complètement manqué ?

Les rapports des inspecteurs protestent énergiquement contre une telle opinion.

L'ensemble de la loi demeure excellent.

Aussi bien ce n'est pas l'ensemble de la loi qui est en discussion, c'est l'un seulement de ses points principaux : la durée du travail. Certes il serait préférable, à tous égards, que la durée du travail pût être uniforme et pour les enfants et pour les femmes et pour les hommes adultes.

Néanmoins de ce qu'il est fort difficile, pour ne pas dire impossible, dans l'état présent de l'Industrie, avec les nécessités tyranniques de la concurrence étrangère,

de fixer à dix heures la durée de la journée de travail
des adultes, il ne s'ensuit pas qu'il faille fixer à douze
heures la journée de travail des enfants. Le travail des
enfants est une des tristes nécessités, peut-être la plus
triste, de l'état économique du monde industriel moderne ; mais il faut tout faire pour diminuer un tel
mal.

D'ailleurs puisque la journée de travail des adultes
reste fixée à douze heures, il y aurait autant d'inconvénients pratiques à limiter à onze heures la journée de
la femme et celle de l'enfant, qu'à abaisser à dix heures
la durée uniforme de la journée de travail pour la femme
et pour l'enfant.

Nous n'ignorons pas l'objection tirée de l'abaissement
en quelque sorte fatal des salaires ; nous déclarons
même que cette objection serait toute puissante si elle
pouvait prévaloir contre l'incontestable nécessité de
protéger la femme et l'enfant.

Du reste cet abaissement des salaires ne saurait être
que transitoire.

Quelque rude que soit la lutte contre la concurrence
étrangère, il est difficile d'admettre que les chefs d'industrie ne trouveront pas le moyen de maintenir le
taux des salaires, alors que le travail sera fait par des
enfants ou par des femmes accomplissant la même tâche dans un espace de temps moins considérable.

Si l'on nous objecte maintenant que la limitation à
dix heures pour le travail des femmes et des enfants

finira par entraîner la réduction à dix heures du travail
des hommes, nous répondrons que nous aimerions
mieux voir la durée de la journée de travail des hommes
s'abaisser à dix heures, que de voir la durée de la journée de travail d'un enfant de treize ou de douze ans s'é-
lever à douze heures.

Au demeurant, nous estimons que, dans ces questions
du travail toujours si délicates, si complexes et si graves, il n'est peut-être pas absolument chimérique de
penser à la réalisation possible d'une réglementation
internationale du travail. L'idée n'est pas nouvelle.
D'éminents esprits, aussi bien parmi les économistes
que parmi les législateurs, ont exprimé leur foi en elle.
D'aucuns même l'envisagent comme un séduisant es-
poir de pacification sociale.

Nous tenons à en dire très rapidement quelques mots.

# CHAPITRE III



L'idée de la réglementation internationale du travail a commencé par n'être qu'une aspiration généreuse de certains économistes en faveur de la femme et de l'enfant. Elle est devenue depuis quelques années l'objet des études et des efforts de quelques législateurs. Elle a pris corps, on s'en occupe, on la discute. Certains hommes politiques vont même jusqu'à proclamer qu'elle finira par s'imposer comme une institution nécessaire.

Un éminent économiste, M. Wolowski, a écrit : « S'il était vrai que les peuples fussent réduits à s'acharner sans pitié sur ceux auquels leur faiblesse devrait servir de sauvegarde, ce serait le cas de recourir à une entente internationale qui, d'un commun accord, ferait cesser un aussi douloureux trafic, comme elle a fait cesser le scandale de la traite des noirs. Tant de traités ont été conclus dans le but de faire tuer les hommes ! On saluerait avec une reconnaissance profonde ceux qui auraient pour but de les faire vivre ».

Et un savant économiste italien, professeur au collège romain, le Père Liberatore, a écrit dans ses *Princi-*

*pes d'économie politique* (1) : « La protection que le
pouvoir public doit aux faibles, entraîne pour lui l'obligation de les défendre contre la concurrence éhontée,
en intervenant pour limiter et régler le travail. . . . . .

« Mais si ces dispositions étaient prises dans un seul
Etat sans que les autres l'imitent, on y tomberait dans
un grand embarras. . . . . . . . . . . . . . . . . . . .

« Il faudrait donc que les mêmes dispositions fussent
prises par la généralité des peuples civilisés; donc les
gouvernements devraient s'entendre pour établir sur ce
point les règles d'une application commune.

« Il n'y a rien d'impossible si l'on considère que la
question sociale ou ouvrière, comme on voudra l'appeler,
trouble tous les Etats qui sont tenus de trouver le
moyen de satisfaire une juste plainte et de venir en
aide d'une manière convenable à la partie la plus nom-
breuse de la société. Cette dernière raison, à la fois
morale et politique, est d'une si grande importance
qu'elle l'emporte de beaucoup sur la raison économique ».

C'est aussi ce qu'affirme M. l'abbé Winterer, député
protestataire d'Alsace-Lorraine au parlement allemand,
l'un des écrivains les plus remarquables parmi ceux qui
se sont occupés des questions sociales : « Peut-on admettre, dit-il, ou doit-on désirer une entente internationale au sujet de la législation ouvrière ? La situation

_______

(1) P. Liberatore, *Principes d'économie politique*, p. 274.

créée par la production capitaliste a un caractère international, l'alliance des partis socialistes est internationale ; il faut que les mesures prises pour la protection
de la société soient de même internationales (1) ».

Mais ce ne sont pas seulement les économistes et les
penseurs qui se sont préoccupés de cette idée d'une entente entre les nations au sujet de la législation du travail industriel. Il s'est rencontré au milieu de l'Europe,
dans un pays justement fier de quatre siècles de liberté
politique et qui semble devenu le creuset où s'élabore
les grandes réformes législatives dans les questions
ouvrières, il s'est rencontré, en Suisse, deux membres
du Conseil national pour présenter une notion ainsi
conçue :

« Les soussignés, considérant qu'un grand nombre
d'États possèdent ou préparent une législation sur le
travail, dont les principes concordent avec ceux de la
législation suisse sur cet objet, présentent la notion
suivante : Le Conseil fédéral est invité à se mettre en
rapport avec les États afin de régler, par des traités internationaux ou par une loi internationale, les points
suivants : protection du travail des mineurs ; limitation
du travail des femmes, repos hebdomadaire, journée
normale du travail ».

Ces deux membres du Conseil national suisse étaient
MM. Favon et Decurtins, l'un, député radical du canton

_____________

(1) Abbé Winterer, *Le socialisme international*, p. 299.

de Genève, l'autre, député catholique du canton des Grisons et orateur éminent.

C'est au mois de décembre 1887, si nos souvenirs sont exacts, que cette motion fut présentée et adoptée.

A la suite du vote de cette motion, le Conseil fédéral demanda à toutes les puissances de l'Europe d'adhérer à l'idée de la création d'une législation internationale ouvrière.

Enfin dans le discours qu'il prononça à la Chambre des députés lors du vote sur l'article 3 du projet de loi qui est devenu la loi du 2 novembre 1892, M. le comte de Mun, abordant de front la question d'un accord entre les nations relativement à la législation sur le travail, s'exprimait en ces termes :

« Maintenant, vous me poussez plus avant, vous me dites : « Et la concurrence étrangère ». Je ne crois pas que l'objection soit forte contre une loi aussi restreinte que celle-ci ; mais il est évident qu'elle a toute sa force, qu'elle se présente nécessairement à l'esprit dès qu'on veut étendre un peu plus loin le principe de la réglementation du travail et c'est, vous le savez, une perspective devant laquelle je ne recule pas.

« Eh bien, il n'y a à cette objection qu'une réponse, mais je la crois décisive et quant à moi je l'accepte pleinement, c'est qu'il n'est pas possible de faire une législation vraiment protectrice des travailleurs, sans aboutir à la nécessité d'une législation internationale du travail. J'en suis absolument persuadé. Depuis que les conditions du travail ont été profondément modifiées par la transformation de l'outillage ; depuis que l'invasion des machines a changé du tout au tout l'état des travailleurs et les règles de la production, en obligeant les industriels à multiplier de plus en plus leurs moyens d'action, en élargissant sans cesse le champ d'activité de la concurrence, la question du travail a cessé d'être exclusivement une question nationale pour devenir de plus en plus une question internationale, parce que le marché du travail lui-même a cessé d'être un marché national pour devenir le marché du monde.

Eh bien, dans ces conditions, oui pour que la législation du travail reçoive tout son effet, pour que la concurrence étrangère ne la rende pas stérile, il faut qu'elle devienne internationale ».

Voilà la question de la réglementation internationale du travail telle qu'elle se pose devant les économistes et les législateurs. Est-ce à dire qu'elle ne compte que des partisans ? Non certes et parmi les économistes notamment elle a des adversaires convaincus. M. Claudio Jannet voyait dans cette idée à la fois une chimère et un danger. Il exprimait ainsi son hostilité contre elle : « La durée de la journée de travail n'est qu'un des facteurs de la production qui agit simultanément avec l'intensité du travail produit dans un même temps donné avec le taux des salaires, le prix des matières premières, l'emploi des machines, le taux de l'intérêt, toutes choses qui varient non seulement dans chaque pays, mais dans chaque localité, et l'on peut dire dans chaque cas particulier. Dans une entreprise tous les éléments se combinent les uns avec les autres ; par conséquent l'égalité forcée de la durée de la journée de travail ne ferait qu'accroître l'action des autres inégalités ».

M. Hubert-Valleroux partage pleinement l'avis de M. Claudio Jannet: « Il n'y a pas d'homme, écrit-il, ayant réfléchi qui ne sache à quoi s'en tenir sur cette utopie d'une législation internationale du travail (1).

L'idée d'une réglementation internationale en matière de législation ouvrière se réalisera-t-elle un jour? Il serait audacieux de l'affirmer. Parfois cependant la chimère de la veille devient la réalité du lendemain. Qu'adviendra-t-il de la généreuse initiative du Conseil fédéral suisse? L'avenir nous le dira.

(1) *Revue catholique des Institutions et du Droit*, décembre 1895, p. 529.

# CHAPITRE IV



Nous passerons rapidement en revue diverses nations étrangères qui ont une législation protectrice du travail des femmes et des enfants.

## SECTION I. — Angleterre.

### § 1. — Aperçu historique.

Nous avons vu que dès l'année 1802 le Parlement anglais avait voté une loi sur le travail industriel des enfants. Cette loi limitait à onze heures de travail la journée des enfants, mais elle ne s'appliquait qu'à l'industrie textile.

En 1819, ce bill fut étendu aux enfants employés dans toutes les manufactures.

En 1825, un autre bill limita à neuf heures, pour la journée du samedi, le travail des enfants âgés de moins de seize ans.

En 1831, un bill défendit le travail de nuit à toute personne âgée de moins de vingt et un ans.

En 1833, un autre bill fut voté qui fixait la durée de

la journée de travail à neuf heures pour les enfants au-dessous de treize ans et à onze heures pour les enfants au-dessous de dix-huit ans. De plus il interdisait le travail de nuit et organisait le service d'inspection.

Beaucoup d'autres bills furent votés, notamment en 1844, 1850, 1867, 1871 et 1874.

Enfin, en 1878, tous les actes législatifs antérieurs rendus sur cette matière furent réunis dans une loi.

Nous croyons utile de transcrire ici les appréciations que portait sur la législation anglaise, en matière de protection ouvrière, M. le comte de Paris, dans son beau livre *De la situation des ouvriers en Angleterre*. Parlant des lois protectrices des faibles, il écrivait :

« Comme toujours en pareil cas, elles ont d'abord été réclamées par quelques hommes de bien, dont la voix indignée vint troubler le silence au milieu duquel se perpétuaient les plus criants abus. Ils en appelèrent au Parlement : on nia les faits monstrueux qu'ils avaient révélés. Ils revinrent à la charge, appuyés cette fois par une portion considérable de l'opinion publique : ils apportaient la preuve incontestable des souffrances qu'ils avaient signalées, de l'état déplorable des mines, de la mortalité effrayante et du dépérissement de la race, causés par l'excès du travail dans les manufactures. On leur répondit que la réglementation de la journée des femmes et des enfants entraînerait en pratique celle des hommes, que cette limite ainsi imposée à l'industrie était, d'une part, une atteinte aux libertés du citoyen anglais, et d'au-

tre part un danger pour cette industrie qui, soumise à
de telles restrictions, ne pourrait résister à la concurrence étrangère. On verra combien ces craintes étaient
chimériques. Quoique la majorité du Parlement les par-
tageât, elle comprit qu'elle ne pouvait étouffer de telles
questions qui commençaient à agiter sérieusement les
ouvriers. Elle accorda plusieurs enquêtes,et chaque fois
les enquêtes amenèrent d'une façon plus ou moins complète les résultats réclamés par les novateurs. Les faits
qu'elles révélèrent, les abus dont elles montrèrent les
funestes conséquences dépassèrent d'ordinaire tout ce
que ceux-ci avaient avancé à l'appui de leurs réclama-
tions. L'on comprit alors que la prévoyance et la sagesse
s'unissaient à l'humanité pour imposer un remède à ces
abus.

« L'opinion publique se prononça ; le parlement donna
force de loi à ce qu'elle voulait, et les adversaires des
mesures décrétées furent obligés de reconnaître, dès le
lendemain, que loin de porter atteinte à l'industrie, elles
lui donnaient un nouvel essor, en élevant l'ouvrier,
tant au moral qu'au physique. La prospérité dont l'Angleterre a joui depuis qu'elles sont en vigueur le prouve
suffisamment (1) ».

Et avant d'énumérer les différents *Factories Acts* qui
limitent le travail des femmes et des enfants, M. le comte
de Paris ajoutait :

« J'ai entendu dire un jour à M. Gladstone que le plus

_________

(1) Comte de Paris, *De la situation des ouvriers en Angleterre,* p. 221.

grand bienfaiteur de son pays serait celui qui inventerait une industrie donnant à chaque mère de famille le moyen de gagner quelque chose sans quitter le foyer domestique. C'est résumer en peu de mots l'une des principales préoccupations des législateurs anglais. Le travail des femmes dans l'atelier, qui les arrache à leur intérieur pour livrer entièrement les enfants à la crèche et à la salle d'asile est condamné par eux en principe : d'autant plus que le travail insuffisamment rétribué fait concurrence à celui des hommes, et est ainsi nuisible en somme à la famille de l'ouvrier. L'usage qui veut qu'une quantité de travail égal soit moins payée quand elle est faite par une femme que si elle était faite par un homme est l'un de ceux contre lesquels la raison et la saine justice protestent le plus énergiquement ; son existence même prouve que le travail des femmes à l'atelier est un fait déplorable dans nos sociétés modernes.

« Le législateur n'a pas le pouvoir de le supprimer absolument et de priver ainsi les familles d'une ressource peut-être nécessaire. Mais il a le devoir, telle est du moins son opinion en Angleterre, d'intervenir pour protéger les faibles, c'est-à-dire les femmes et les enfants contre les excès de travail qui portent atteinte à la vigueur physique et à l'intelligence de la population tout entière. Il y a là un intérêt national dont la défense est confiée aux pouvoirs publics et qu'ils ne sauraient négliger (1) ».

(1) *Idem*, p. 224.

### § 2. — Loi de 1878.

Examinons maintenant la loi de 1878 qui fut votée
après une enquête et les longs et sérieux travaux préparatoires d'une commission parlementaire.

Voici l'économie de cette loi qui comprend 107 articles.

Les établissements visés par elle sont divisés en cinq
catégories :

1° Les établissements des industries textiles ;

2° Les établissements des industries non textiles ;

3° Les établissements sans moteur mécanique ;

4° Les établissements où les personnes employées
ont toutes plus de dix-huit ans ;

5° Les ateliers de famille.

Dans la 4e catégorie le législateur anglais fixe la durée
du travail des femmes.

Dans la 5e catégorie, il s'occupe des enfants et fixe la
durée des repos. Mais ni dans l'une ni dans l'autre de
ces catégories, il ne détermine la durée du travail des
hommes.

Il ne s'occupe pas davantage, dans cette loi de 1878,
des personnes employées dans les mines, minières et
carrières. Une loi spéciale y a pourvu. A ce propos disons simplement qu'en Angleterre, dans aucune circonstance, une femme ou un enfant au-dessous de douze
ans ne peut travailler dans les galeries souterraines.

*Certificats.* — Jusqu'à l'âge de seize ans, les enfants ne peuvent travailler dans les usines ou fabriques sans être munis d'un certificat d'aptitude physique délivré par le médecin du district. Ce certificat obligatoire pour les usines n'est que facultatif pour les ateliers et notamment pour les ateliers de famille. Un inspecteur a toujours le droit de faire soumettre à un nouvel examen médical un enfant qui ne lui paraît pas remplir les conditions de capacité physique exigées par la loi.

L'enfant âgé de moins de quatorze ans doit être en outre muni d'un certificat scolaire.

*Précautions sanitaires.* — Les chefs d'établissements sont tenus de prendre toutes dispositions nécessaires à la ventilation des ateliers, usines ou fabriques et de passer à la chaux, tous les quatorze mois, ou de peindre à l'huile, tous les sept ans, les murs intérieurs et les plafonds de leurs établissements.

Il existe en outre une loi spéciale sur l'hygiène.

*Accidents.* — Quand un accident se produit, le chef d'établissement est tenu de prévenir dans les quarante-huit heures le médecin du district et l'inspecteur. Le médecin adresse un rapport à l'inspecteur.

*Tolérances.* — C'est le Ministre de l'intérieur qui accorde les tolérances. Il a le droit d'accorder une prolongation du travail des femmes et des enfants pendant une certaine période de temps qui ne peut pas dépasser quatre-vingt-seize jours, et d'autoriser exceptionnellement des garçons ayant plus de seize ans à travailler la nuit. Enfin son pouvoir est encore plus large relativement aux manufactures de l'Etat. Il peut suspendre pour elles l'application de la loi.

*Service de l'inspection.* — Le service de l'inspection est fait par :

1° Un inspecteur général ;

2° Cinq inspecteurs divisionnaires ;

3° Quarante inspecteurs ordinaires répartis dans quarante circonscriptions.

4° Dix inspecteurs auxiliaires.

. L'inspection des houillères est faite par un corps spécial d'inspecteurs.

*Pénalités.* — Les infractions aux prescriptions sanitaires, aux mesures de précautions relatives aux machines et moteurs mécaniques, à la durée du travail, à l'interdiction du travail de nuit et aux conditions déterminées par la loi quant à l'emploi des enfants, toutes ces infractions sont punies d'une amende ; mais lorsqu'il y a falsification de certificats ou de registres, l'emprisonnement peut être prononcé.

Telle est l'économie de la loi de 1878.

Une autre loi du 25 juin 1886, étend aux magasins de vente la réglementation. Il faut entendre le mot « ma gasins de vente » dans le sens de magasins petits ou grands, de détail ou de gros, de marchés, de restaurants, de débits de boissons et même de boutiques en plein vent.

Une loi du 28 juin 1892 a modifié cette loi de 1886, en la rendant définitive. Elle a reproduit la loi de 1886, mais elle y a introduit une disposition nouvelle autorisant les municipalités à établir, pour l'observation de la loi, des inspecteurs dont les pouvoirs sont indiqués par la loi de 1878 sur les fabriques (1).

Nous avons dit qu'aucune loi ne règlemente, en Angleterre, le travail des hommes. En 1893, le Congrès des *Trade's-Unions* s'étant occupé de la question d'une règlementation du travail des hommes avait accepté, en principe, la journée de huit heures, mais il avait laissé à chacune des associations représentées le soin de se prononcer pour ou contre l'obligation.

A la suite de cette décision, les mineurs du Comté de Durham soumirent la proposition au referendum et la tranchèrent dans le sens de la négative (2).

En 1894, un bill fut présenté tendant « à limiter les heures de travail sous terre des personnes employées dans les mines ».

Mais un amendement proposant que la loi ne fût

(1) *Annuaire de législation étrangère*, 1893, p. 6.
(2) Journal *Le Soleil* du 29 avril 1893.

applicable que dans les districts où une majorité de
travailleurs souterrains se serait déclarée favorable à
son application ayant été voté, les auteurs du projet de
loi le retirèrent (1).

Avant de terminer cet examen succinct de la législation anglaise en matière de protection ouvrière, qu'il
nous soit permis de relater quelques-unes des constata-
tions qui résultent d'une enquête récente sur le travail
des femmes dans la Grande-Bretagne.

Quatre dames anglaises avaient été chargées par le
bureau du travail de faire une enquête sur le travail des
femmes. L'une d'elles, Miss Abraham, déposa son rapport à la Chambre des Communes (2). L'enquête de
Miss Abraham portait sur les ouvrières de l'industrie
du coton et de l'industrie de la laine. « Elle a porté, dit
l'auteur de l'article de journal que nous signalons en
note, sur soixante-dix fabriques dans le Yorkshire, centre de production pour la laine, et sur cent soixante-dix
dans le Lancashire et le Cheshire, centres de l'industrie
cotonnière. Patrons, salariés, médecins ont été interro-
gés avec une précision dans le détail extrême ; aussi les
résultats auxquels est arrivée Miss Abraham sont-ils
des plus remarquables. Elle est notamment parvenue à
démontrer que toutes ou presque toutes les mesures

(1) Journal *Le Soleil* du 17 août 1894.
(2) Le journal *La République française* rendit compte de ce rapport
au commencement de l'année 1894. Cet article fut reproduit par le journal *La vraie France* de Lille, dans son numéro du 19 février 1894.

législatives édictées dans l'intérêt de la santé des ouvriers sont demeurées ou à peu près lettre morte.

« Malgré les prescriptions de la loi, en ce qui touche
notamment les opérations du triage et de désinfection,
là même où on a établi des systèmes perfectionnés, les
appareils ou ne fonctionnent pas, ou, ce qui plus est,
restent celés.

« Elle a constaté aussi que partout la température
était suffocante, dépassant même 100° R. La loi exige
bien que chaque atelier soit pourvu d'un thermomètre,
mais il est placé hors de vue, ou il est aspergé d'eau
froide, lorsque la présence d'un inspecteur est signalée,
de manière à le ramener aux conditions légales. Ici
l'eau qui sert à l'aspersion des métiers inonde les plan-
chers et forme des mares dont l'eau dépasse les socques
des travailleuses ; là des matières gluantes, débris de
fabrication, rendent le sol glissant et provoquent à tout
instant des chutes parfois mortelles ».

Parlant des déplorables conditions dans lesquelles
sont placés les cabinets d'aisance, miss Abraham, dit
l'article, « cite le fait d'une porte de communication qui
a dû être entaillée pour qu'il fût possible de l'ouvrir, à
cause de la proximité d'un métier. . . . . . . . . . .

« Ce qu'il y a de pire, c'est que les installations sont
communes à tout le personnel ouvrier et qu'il y a des
cas où il n'y a accès que par l'atelier des hommes. Malgré ce voisinage, miss Abraham en a trouvées qui n'é-
taient pourvues d'aucun moyen d'isolement, pas même

d'une porte! Dans ces conditions ce que peut être la moralité, on le devine ! »

Et l'auteur de cet article sur le rapport de miss Abraham, après avoir cité encore plusieurs parties du rapport, ajoute cette réflexion : « faire des lois, c'est bien, mais les appliquer, comme c'est mieux ! ».

SECTION II. — **Allemagne.**

Une loi impériale avait été promulguée le 17 juillet 1878 (1). Elle se rapprochait, en beaucoup de points, de la loi française du 19 mai 1874.

Elle s'appliquait aux établissements industriels qui emploient la vapeur, aux chantiers, forges, fonderies, usines, carrières, etc. Elle interdisait, comme la loi française de 1874, d'employer, dans l'industrie, des enfants au-dessous de douze ans. Elle distinguait, quant aux mesures de protection, trois catégories de jeunes ouvriers :

1° Les enfants de 12 à 14 ans :

2° Les adultes de 14 à 16 ans ;

3° Les jeunes ouvriers de 16 à 21 ans ;

Les enfants de 12 à 14 ans ne devaient pas être occupés plus de 6 heures par jour, comptées entre 5 h. 1/2 du matin et 8 h. 1/2 du soir. Il leur était accordé un repos d'une heure à midi, d'une demi-heure le matin et d'une demi-heure le soir.

(1) Voir *Revue générale d'administration*, 1879, 1, 470.

Puis une loi du 1er juillet 1883 avait codifié toutes les mesures législatives concernant le travail industriel.

Mais, à la suite de la Conférence de Berlin, un projet de loi fut soumis au Reichstag. Ce projet de loi a été voté et, depuis la fin du mois d'avril 1892, une loi nouvelle sur le travail industriel des femmes et des enfants est en vigueur en Allemagne.

Voici l'économie de cette loi prise dans son ensemble.

*Age d'admission.* — L'âge d'admission des enfants dans les établissements visés par la loi est fixé à 13 ans. Au-dessus de 13 ans, ils ne peuvent être employés que s'ils ont satisfait à l'obligation de scolarité.

*Travail de nuit.* — Le travail de nuit est interdit aux femmes et aux enfants. Est considéré comme travail de nuit le travail qui se fait entre 8 h. 1/2 du soir et 5 h. 1/2 du matin.

*Durée du travail.* — Il est défendu de faire travailler les enfants de 13 à 14 ans pendant plus de 6 heures, les enfants de 14 à 16 ans pendant plus de 10 heures.

Il est interdit de faire travailler les femmes âgées de plus de 16 ans pendant plus de 11 heures, habituellement, et pendant plus de 10 heures le samedi et les veilles de fêtes. Le samedi et les veilles de fêtes, le travail des femmes doit cesser à 5 h. 1/2 du soir.

Pour les hommes adultes aussi bien que pour les enfants et les femmes, le travail ne peut commencer avant 5 h. 1/2 du matin, ni finir après 8 h. 1/2 du soir. Un repas régulier d'une heure doit couper les heures de travail.

*Femmes accouchées.* — La loi s'occupe enfin d'une question toute spéciale, celle des femmes accouchées. Celles-ci ne peuvent être employées, pour aucun motif, pendant les quatre semaines qui suivent leur accouchement. Ces quatre semaines écoulées, elles devront encore rester quinze jours en repos, à moins qu'elles ne soient en mesure de présenter un certificat médical les autorisant à reprendre le travail.

*Inspection.* — Le service de l'inspection est confié à un corps d'inspecteurs qui relève des différents Etats de l'Empire.

Les inspecteurs sont chargés de présenter des rapports qui servent de base à un rapport général.

Chaque enfant doit être muni d'un livret de travail et chaque patron est tenu d'afficher les dispositions de la loi et la façon dont il a réglé le travail dans son établissement.

*Pénalités.* — Les pénalités sont l'amende et l'emprisonnement.

Signalons un certain nombre d'avis des 11, 17, 24 mars 1892 qui ont réglementé le travail des femmes et des enfants dans plusieurs branches d'industrie. Un autre avis du 25 mars de la même année détermine les conditions dans lesquelles on doit faire connaître à l'autorité compétente le nombre de femmes occupées dans les fabriques (1).

(1) *Annuaire de législation étrangère,* 1893, p. 88.

Enfin une ordonnance du 27 avril 1893 a réglé le travail des femmes et des enfants dans les briqueteries (1).

ALSACE-LORRAINE. — La loi de 1883 qui était une loi de l'Empire ne fut en vigueur en Alsace-Lorraine que depuis la fin de 1888. Jusqu'à cette date, c'est la loi française de 1841 qui seule y réglait le travail industriel.

Maintenant c'est la loi nouvelle impériale de 1892 qui est appliquée.

## SECTION III. — Autriche.

Si c'est l'Angleterre qui la première a protégé sérieusement par des lois le travail industriel des enfants, il faut néanmoins rendre cette justice à l'Autriche qu'elle avait devancé l'Angleterre dans l'idée de cette protection nécessaire.

On trouve en effet une ordonnance du 17 février 1787 qui interdisait en Autriche l'emploi sans nécessité, dans les usines, des enfants de moins de neuf ans (2). Cet essai de protection était, à la vérité, bien timide et jusqu'en 1839 il n'apparaît pas que la législation autrichienne ait fait un sérieux effort pour réglementer efficacement le travail des enfants. A la date du 24 juillet 1839 une ordonnance fut rendue qui réglait avec précision ce tra-

(1) *Annuaire de législation étrangère*, 1894, p. 70.
(2) *Revue générale d'administration*, 1888, 2, 353.

vail. Cette ordonnance fut transformée le 14 mai 1869 en une loi qui est restée en vigueur jusqu'aux lois du 15 mars 1883 et du 8 mars 1885.

La loi autrichienne distingue entre les usines et manufactures et les ateliers, bureaux, etc., où ne fonctionnent pas des moteurs mécaniques.

*Age d'admission.* — L'âge d'admission des enfants dans les usines et manufactures est fixé à quatorze ans ; l'âge d'admission des enfants dans les ateliers sans moteurs mécaniques est fixé à douze ans.

*Durée du travail.* — La journée de travail est fixée à onze heures pour tous les ouvriers, sauf ceux qui se livrent aux travaux de chauffage, de nettoyage et d'éclairage; mais le ministre de l'intérieur peut s'entendre avec le ministre du commerce pour étendre jusqu'à douze heures la durée de la journée du travail.

*Travail de nuit.* —Le travail de nuit est formellement interdit aux femmes et aux enfants. Cependant il peut être autorisé exceptionnellement par le Gouvernement dans certaines industries, notamment dans les fonderies et les verreries, les raffineries et les fabriques de papier.

*Inspection.* — Le service d'inspection est fait par un inspecteur général et plusieurs inspecteurs divisionnaires.

Ces différents inspecteurs rédigent chaque année des rapports qui servent de base à un rapport général.

Les patrons sont tenus de posséder un registre contenant les noms des enfants employés et d'afficher dans leurs établissements un tableau indiquant la façon dont le travail est réglé par eux.

*Pénalités*. — Les pénalités sont des amendes.

HONGRIE. — Signalons une loi du 14 avril 1891 sur le repos dominical dans les travaux de l'industrie.

Cette loi interdit, en principe, le travail du dimanche et des jours fériés, sauf dans des cas limitativement indiqués (1).

SECTION IV. — Russie.

Le premier projet de loi qui se soit occupé, en Russie, du travail industriel des enfants, fut présenté en 1859. Toutefois rien de pratique et de sérieux ne fut fait, en cette matière, avant la loi de 1882 (2).

Cette loi interdit le travail dans les fabriques aux enfants âgés de moins de 12 ans, et limita à huit heures, coupées par un repos, la durée du travail des enfants de 12 à 15 ans.

Un avis du Conseil de l'Empire, sanctionné par S. M. l'Empereur et devenu la loi du 3 juin 1885, alla plus loin dans la voie de la réglementation (3).

Elle prohiba, à titre d'essai pendant trois ans, à partir

---

(1) *Annuaire de législation étrangère*, 1892, p. 412.

(2) Voir *Annuaire législ. étrang.*, 1883, p. 887.

(3) *Annuaire législ. étrang.*, 1886, p. 557.

du 1ᵉʳ octobre 1885, le travail de nuit aux femmes et aux
ouvriers au-dessous de 17 ans dans les filatures et les
fabriques de toiles et de lainages.

Le ministre des finances avait la faculté, d'accord avec
le ministre de l'intérieur, d'étendre cette mesure à d'autres établissements.

Si les enfants employés dans les établissements industriels n'étaient pas munis d'un certificat de scolarité,
la loi de 1885 imposait aux chefs d'établissements de
laisser à ces enfants le moyen d'aller à l'école pendant
trois heures par jour ou dix-huit heures par semaine.

La loi organisa un service d'inspection. Ce service
devait être fait par un inspecteur général et par plusieurs
inspecteurs d'arrondissements. Mais les établissements
de l'État n'étaient pas soumis à l'inspection.

Le 24 avril 1890, est intervenu un avis du Conseil de
l'Empire, approuvé par Sa Majesté l'Empereur (1).

Cette loi a eu pour objet de rendre définitives les dispositions provisoires des lois de 1882 et de 1885.

Elle s'applique même aux ateliers où le travail se fait
à la main et non pas par des machines.

Elle maintient le principe de la durée de huit heures
de travail pour les enfants (art. 1ᵉʳ).

Elle autorise dans l'industrie verrière le travail de
nuit pendant six heures sur vingt-quatre, mais le len-

_______________

(1) *Ann. légis. étrang.*, 1891, p. 693.

demain l'enfant ne peut reprendre le travail que douze heures après avoir quitté le travail de nuit (art. 2).

L'inspecteur en chef des fabriques a le droit d'autoriser le travail des enfants de 12 à 15 ans les dimanches et jours fériés où les ouvriers adultes travaillent eux-mêmes (art. 3).

L'article 4 de la loi interdit le travail de nuit, de 9 heures du soir à 5 heures du matin, aux adultes de 15 à 17 ans et aux femmes dans les manufactures de coton, de toile, de laine, dans les établissements de filature et de tissage du chanvre et dans les industries de tissus mélangés.

Les pénalités édictées par la loi sont les arrêts pendant un mois ou l'amende.

Sous certains rapports, la loi nouvelle constitue un progrès en matière de protection de l'enfance. Ainsi la loi de 1882 avait permis au ministre des finances d'autoriser, en cas de nécessité, l'admission des enfants âgés de 10 ans. La loi nouvelle a fait disparaître cette tolérance.

Mais aussi elle permet d'autres tolérances qui peuvent devenir excessives dans la pratique. Elle autorise, en effet, dans son article 5, le travail de nuit à l'occasion d'un afflux de commandes provoquées par les grandes foires qui sont, on le sait, nombreuses en Russie. Elle permet, en outre, le travail de nuit, lorsque les femmes et enfants travaillent avec les chefs de familles. Il peut y avoir là un abus.

Un avis du Conseil de l'Empire, approuvé par Sa Majesté l'Empereur, le 30 décembre 1891 et promulgué le 7 février 1892, a interdit aux femmes dans les provinces polonaises le travail souterrain des mines (1). Néanmoins durant les trois années qui ont suivi la promulgation de cet avis, les femmes déjà employées aux travaux des mines ont pu continuer à travailler.

Notons, en terminant, un fait qui n'est pas sans importance. A la suite de la publication faite par le D<sup>r</sup> Dementieff d'une grande enquête sur les conditions du travail dans les principaux centres d'industrie du monde entier, il fut établi que l'ouvrier russe travaillait plus de temps que l'ouvrier américain ou l'ouvrier anglais, et, spontanément, les principaux manufacturiers de Russie réduisirent les heures de travail dans les établissements, sans diminuer, paraît-il, les salaires. Il résulterait d'une décision prise par eux que la durée de la journée de travail ne dépasserait pas dix heures (2).

### SECTION V. — Italie.

Le 25 juillet 1879, M. Cairoli, ministre des affaires étrangères, président du Conseil, chargé de l'intérim du ministère de l'agriculture, du commerce et de l'industrie, avait adressé une circulaire aux préfets, aux dépu-

(1) *Ann. législ. étrang.*, 1893, p. 696.
(2) Journal *Le Soleil* du 6 mars 1895.

tations provinciales, aux chambres de commerce, etc., pour leur demander leurs avis sur un projet de loi de réglementation du travail des enfants dans l'industrie. Il rappelait dans cette circulaire que le seul acte législatif relatif à la protection du travail des enfants était la loi piémontaise du 20 novembre 1859 sur les mines. Cette loi interdisait le travail des mines aux enfants âgés de moins de dix ans. Un décret royal du 23 décembre 1865 avait étendu à tout le royaume d'Italie l'application de cette loi et en avait confié l'exécution aux ingénieurs des mines (1).

L'enquête qui fut faite, à la suite de cette circulaire de M. Cairoli, aboutit au dépôt d'un projet de loi qui fut voté et devint la loi du 11 février 1886 (2).

*Age d'admission.* — Cette loi interdit le travail industriel aux enfants au-dessous de neuf ans, et les travaux souterrains aux enfants au-dessous de dix ans.

Les enfants de neuf à quatorze ans ne peuvent être employés que s'ils sont munis d'un certificat du médecin désigné par le conseil de santé de l'arrondissement, certificat constatant l'aptitude physique aux travaux spécialement désignés.

Lorsqu'un chef d'établissement veut employer des enfants au-dessous de quinze ans, il est tenu de faire une déclaration ou au syndic de la commune, ou à la chambre de commerce.

(1) *Revue générale d'administration*, 1879, 3, 99.
(2) *Revue générale d'administration*, 1886, 2,106.

*Durée du travail.* — Les enfants de neuf à douze ans ne peuvent être employés pendant plus de huit heures par jour.

*Pénalités.* — Les contraventions à la loi sont punies d'une amende.

En cas de récidive, l'amende peut être doublée.

*Inspection.* — Ce sont les ingénieurs des mines et les deux inspecteurs de l'industrie qui sont chargés du service d'inspection dans les établissements industriels.

Les procès-verbaux doivent être envoyés au préfet de la province.

Ce dernier prend l'avis du conseil sanitaire de sa province, avant de les envoyer au parquet et de saisir les tribunaux.

Cette loi du 11 février 1886 ne renferme que de brèves dispositions ; son texte ne se compose que de sept articles, mais elle a été complétée par des décrets réglementaires.

Le décret du 17 septembre 1886, contenant règlement d'administration publique, a été modifié par le décret du 8 avril 1888 (1).

C'est par voie réglementaire que le travail de nuit a été interdit aux enfants au-dessous de certains âges.

(1) Voir *Annuaire de législation étrangère*, 1886, p. 395. *Idem*, 1888, p. 511.

SECTION VI. — **Espagne.**

C'est une loi du 24 juillet 1873 qui a réglé le travail des enfants dans les fabriques et ateliers (1).

*Age d'admission.* — Elle se compose de dix articles. Elle interdit le travail dans les ateliers, forges, fabriques ou mines aux enfants au-dessous de dix ans (art. 1$^{er}$).

*Durée du travail.* — Les garçons de moins de treize ans et les filles de moins de quatorze ans ne peuvent travailler plus de 5 heures par jour (art. 2).

Pour les garçons de treize à quatorze ans et les filles de quatorze à dix-sept ans, la durée de la journée de travail est de 8 heures (art. 3).

*Travail de nuit.* — Le travail de nuit est interdit aux garçons jusqu'à quinze ans et aux filles jusqu'à dix-sept ans dans les établissements où il est fait usage de moteurs hydrauliques ou à vapeur. La nuit commence à 8 h. 1/2 (art. 4).

Les établissements énumérés à l'article 1$^{er}$ situés à plus de quatre kilomètres de tout lieu habité et dans lesquels seront employés plus de 80 ouvriers et ouvrières majeurs de dix-sept ans devront entretenir une école primaire dont les frais leur seront remboursés par l'Etat.

(1) *Annuaire législ. étrang.*, 1874, p. 330.

Cette école sera ouverte aux travailleurs adultes et à leurs enfants ayant moins de neuf ans.

La présence à l'école est obligatoire pendant trois heures au moins par jour pour les garçons de neuf à treize ans et pour les filles de neuf à quatorze ans (art. 5).

Ces établissements devront posséder une pharmacie et s'attacher d'une façon permanente un médecin (art. 6).

*Pénalités*. — L'inobservation des dispositions de la loi est punie d'une amende (art. 7).

*Inspection*. — Une commission composée de patrons, d'ouvriers, de maîtres d'école et de médecins sous la présidence d'un juge municipal est chargée de veiller à l'exécution de la loi, sans préjudice du droit d'inspection qui appartient aux autorités de l'État (art. 8).

Il ne peut être construit aucun des établissements énumérés à l'article 1er, sans que le plan ait été soumis à la Commission et approuvé par elle au point de vue de l'hygiène et de la sécurité des travailleurs (art. 9).

Enfin l'article 10 ordonne d'afficher dans les établissements désignés par l'article 1er la loi et les règlements qui seront faits pour l'application de la loi.

### SECTION VII. — **Portugal**.

Un décret du 14 avril 1891 a réglé le travail des femmes et des enfants employés dans les fabriques, ateliers ou autres établissements industriels. Il s'applique aux enfants et aux femmes employés soit dans les établissements industriels publics ou privés, soit dans les écoles professionnelles, soit dans les maisons de bienfaisance, soit dans les travaux de constructions civiles et aux enfants employés comme postillons à cheval dans les services publics ou privés, ou comme gymnastes ou acrobates.

*Age d'admission.* — Le décret applique le qualificatif de mineurs aux garçons âgés de moins de seize ans et aux filles âgées de moins de vingt et un ans. Il interdit aux enfants mineurs l'entrée des établissements industriels avant l'âge de douze ans. Exceptionnellement les enfants peuvent y être admis dès leur dixième année, s'ils justifient d'une instruction primaire ou présentent un certificat de scolarité, s'ils prouvent qu'ils ont une bonne constitution physique et qu'ils ne sont employés qu'à des travaux n'exigeant que des efforts physiques ordinaires.

*Durée du travail.* — La durée du travail est de 6 heures pour les enfants au-dessous de douze ans. Cette durée de 6 heures doit être coupée par un repos d'une heure. La durée du travail est de dix heures, coupées par un repos pour les enfants au-dessus de douze ans.

Le travail du dimanche est interdit aux enfants, sauf dans les usines à feu continu.

Aucun enfant au-dessous de seize ans ne peut être

employé dans les exercices publics de gymnastique ou d'acrobatie.

*Travail de nuit.* — Les enfants de moins de douze ans et les filles au-dessous de vingt et un ans ne peuvent être employés à un travail de nuit. Est considéré comme travail de nuit le travail fait entre neuf heures du soir et cinq heures du matin, du mois de mai au mois d'octobre, et le travail fait entre huit heures du soir et six heures du matin, du mois d'octobre au mois de mai.

*Travaux souterrains.* — Les enfants ne peuvent être employés aux travaux souterrains avant l'âge de quatorze ans. Les femmes mineures n'y sont jamais admises.

Le décret ordonne des mesures d'hygiène et de salubrité.

Les chefs d'industrie sont tenus de faire connaître à l'inspecteur et à l'autorité administrative tout accident entraînant une incapacité de travail de plus de deux jours.

On remarquera cette disposition aussi curieuse qu'intéressante : les chefs de fabriques employant plus de 50 femmes sont tenus d'avoir une crèche à proximité de la fabrique. Les femmes accouchées ne peuvent reprendre leur travail que quatre semaines après l'accouchement. Les mères ont la faculté d'allaiter leurs enfants dans les crèches.

Les enfants sont astreints à des obligations de scolarité.

Ils sont en outre tenus de fournir un extrait de naissance, un certificat de vaccination et un livret délivré par l'administrateur de la commune de leur domicile et portant le nom, le domicile, la date et le lieu de la naissance de l'enfant.

Les chefs d'établissements doivent posséder un registre. Ils doivent aussi faire afficher le décret et un tableau réglant le travail dans leur établissement.

*Inspection.* — Enfin le décret prévoit la nomination de cinq inspecteurs nommés par le gouvernement. Des commissions de district seront instituées pour aider les inspecteurs.

Une Commission supérieure du commerce et de l'industrie est chargée de surveiller l'exécution de la loi et de rédiger un rapport annuel.

Les dérogations aux dispositions du décret sont punies d'une amende.

Ce décret du 14 avril 1891 n'a été exécutoire que deux ans après sa promulgation.

### SECTION VIII. — Suède.

C'est une ordonnance du 18 novembre 1881 qui a chargé le conseil d'hygiène, ou à défaut du conseil d'hygiène, le conseil municipal et le corps d'inspecteurs désignés par ces conseils d'exercer une surveillance sur le travail des enfants.

Une loi du 1er juin 1883 a corroboré cette ordonnance.

Les enfants ne peuvent être admis au travail industriel avant l'âge de douze ans.

Jusqu'à l'âge de quinze ans, les enfants sont tenus de l'obligation de scolarité.

Un certificat médical d'aptitude physique est exigé.

Le travail de nuit est interdit aux enfants des deux sexes, mais une exception est faite en faveur des garçons, dans l'industrie métallurgique.

La durée du travail est de dix heures pour les enfants de 14 à 18 ans, avec un repos de deux heures, et de six heures pour les enfants de 12 à 14 ans.

Les patrons sont tenus d'afficher dans leurs établissements le tableau des heures de travail et les lois qui réglementent le travail industriel.

Les infractions à la loi sont punies d'une amende.


### SECTION IX. — Danemark.


C'est une loi du 23 mai 1873 qui a réglementé le travail des enfants.

Elle a fixé à dix ans l'âge d'admission et imposé l'obligation d'un certificat médical d'aptitude physique.

La durée du travail est de dix heures pour les enfants

de 14 à 18 ans, avec deux heures de repos, et de six heures et demie pour les enfants de 10 à 14 ans.

Le travail de nuit est interdit.

Deux inspecteurs sont chargés de la surveillance du travail.

Les contraventions à la loi sont punies d'une amende.


### SECTION X. — Pays-Bas.


Une loi votée en 1874 sur l'initiative d'un député, M. Van Houten, réglait d'un façon rudimentaire le travail des enfants au-dessous de douze ans.

Mais une enquête fut faite sur les résultats de cette loi et dès le mois d'octobre 1888, le ministre de la justice, M. Ruys van Beerenbrock, déposait un projet de loi qui est devenu la loi du 5 mai 1889.

*Age d'admission.* — Cette loi fixe à douze ans l'âge d'admission des enfants au travail industriel.

*Durée du travail.* — La durée du travail est de onze heures, avec une heure de repos pour les enfants au-dessous de seize ans et pour les femmes.

*Travail de nuit.* — Le travail de nuit est interdit aux enfants jusqu'à l'âge de seize ans.

*Femmes accouchées.* — Enfin nous trouvons dans la législation des Pays-Bas une disposition relative aux femmes accouchées. La loi interdit aux femmes accouchées le travail industriel pendant les quatre semaines qui suivent leur accouchement.

Le 15 juillet 1891, intervint un arrêté royal portant des mesures administratives intérieures en vertu de l'article 4 de la loi du 5 mai 1889. Mais cet arrêté royal fut modifié par un autre arrêté royal du 11 août 1892 (1).

Une loi adoptée dans la séance des Etats-Généraux des Pays-Bas, le 22 avril 1895, a modifié le nombre des inspecteurs du travail. Ce nombre était fixé à trois par la loi du 5 mai 1889. Maintenant il n'est plus limité (2).

SECTION XI. — **Grand-Duché du Luxembourg.**

Une loi du 6 décembre 1876, suivie d'un arrêté royal-grand-ducal portant règlement d'administration publique du 23 août 1877, s'est occupée du travail des enfants et des femmes (3).

C'est le gouvernement qui avait pris, dès l'année 1873, l'initiative de cette loi.

La loi comprend six articles. Elle fixe à douze ans l'âge d'admission des enfants dans les établissements industriels. Elle prohibe le travail de nuit pour les enfants de moins de seize ans. Avant cet âge de seize ans, les enfants ne peuvent être admis aux travaux souterrains des mines ou des carrières.

---

(1) Voir : *Annuaire de législ. étrang.*, 1892, p. 616 ; 1893, p. 494.
(2) *Rev. cath. des Inst. et du Dr.*, janvier 1896.
(3) Voir : *Annuaire législ. étrang.*, 1877, p. 563.

## SECTION XII. — **Belgique.**

C'est la loi du 13 décembre 1889 qui réglemente maintenant le travail industriel des enfants et des femmes.

*Age d'admission.* — Cette loi a fixé à douze ans l'âge d'admission des enfants.

*Durée du travail.* — Elle a limité à douze heures, avec des repos de une heure et demie, la durée du travail des enfants âgés de moins de seize ans et des filles mineures.

*Travail de nuit.* — Elle a interdit à partir du 1er janvier 1892 le travail de nuit pour les garçons de moins de seize ans et les filles mineures. C'est aussi à partir de cette date qu'il est interdit aux filles mineures de travailler dans les souterrains.

*Repos hebdomadaire.* — Un jour de repos par semaine est obligatoire.

*Inspection.* — La surveillance des établissements industriels est confiée à des inspecteurs désignés par le Gouvernement.

*Femmes accouchées.* — Les femmes accouchées ne peuvent être employées au travail pendant quatre semaines après leur accouchement.

Voici les réflexions que faisait, en 1890, dans la *Revue générale d'administration*, l'auteur d'un remarquable article sur la loi belge du 13 décembre 1889 :

« Son but (le but de la loi) a été de protéger la faiblesse
de l'enfant et de la femme contre le surmenage, contre
le travail excessif auquel correspond toujours une dé-
perdition d'énergie et de forces qui n'est pas seulement
appréciable pour l'individu, mais qui l'est aussi pour la
société tout entière. C'est que, pour s'immiscer dans la
réglementation du travail des femmes et des enfants, les
Chambres belges ne se sont pas placées au point de vue
des intérêts purement économiques.

« Pas plus qu'en Angleterre et qu'en France, où le lais-
sez-faire, laissez-passer de Turgot est toujours en honneur, le pouvoir législatif n'a voulu intervenir dans les
luttes de l'industrialisme et prendre part pour ou contre
les patrons ou les ouvriers, le capital ou le salariat ; il
a tranché la question au nom des intérêts supérieurs de
la morale, de la famille et de l'avenir social. C'était le
meilleur terrain qu'il pût choisir dans un pays d'association et de sage liberté ».

Un arrêté royal du 6 novembre 1891 a désigné les fonctionnaires chargés de surveiller l'exécution de la loi du
13 décembre 1889 et déterminé leurs fonctions.

Un autre arrêté royal du 7 avril 1892 a institué un
Conseil supérieur du travail.

Des arrêtés royaux, en date du 26 décembre 1892,
concernant l'application des articles 4, 6 et 7 de la loi du
13 décembre 1889, ont été rendus en vertu de l'article 8
de cette loi.

Un nouvel arrêté royal du 31 décembre 1892 concerne la même loi.

Enfin le 12 février 1895, un projet de loi a été déposé par M. Helleputte sur la limitation du travail et le travail du dimanche, et le 26 février de la même année un autre projet a été déposé par M. Bertrand sur la réglementation du travail de nuit, du repos hebdomadaire et de la durée du travail. La Commission qui étudie ces projets n'a point encore déposé son rapport (1).

### SECTION XIII. — **Suisse.**

**§ 1ᵉʳ. — Loi fédérale.**

La loi fédérale du 23 mars 1877 qui a réglé la durée du travail industriel des femmes et des enfants contient aussi des dispositions relatives à l'aération et à l'éclairage des ateliers.

Tout chef d'industrie qui veut bâtir ou transformer une usine ou un atelier, est tenu de soumettre son plan à l'approbation des autorités cantonales.

Les chefs d'établissements doivent dresser un règlement. Ce règlement fixe les conditions d'organisation du travail et doit être soumis aux autorités cantonales et approuvé par elles. Les chefs d'industrie sont tenus

_______
(1) *Revue cath. des Inst. et du Droit,* janvier 1896.

en outre de déclarer les accidents survenus dans leur usine ou leur atelier.

*Acte d'admission.* — La loi fixe à quatorze ans l'âge d'admission au travail industriel. C'est la Suisse, par conséquent, qui recule le plus l'âge d'admission des enfants au travail de l'industrie.

*Durée du travail.* — La loi limite à onze heures la durée de la journée de travail.

Cette durée n'est que de dix heures, les samedis et veilles de fêtes.

La durée du travail est comprise entre 5 heures du matin et 8 heures du soir pendant les mois de juin, juillet et août et entre 6 heures du matin et 8 heures du soir pendant les autres mois.

Les autorisations pour la prolongation de la journée de travail sont données par les autorités de district, quand cette prolongation ne doit pas excéder deux semaines. Si la prolongation doit durer plus de deux semaines, ce sont les autorités cantonales qui accordent l'autorisation.

*Repos hebdomadaire.* — Le jour de repos hebdomadaire est fixé au dimanche.

*Travail de nuit.* — Le travail de nuit est interdit aux femmes et aux enfants.

Les femmes accouchées ne peuvent reprendre le travail que six semaines après leurs couches.

*Pénalités.* — Les contraventions à la loi sont punies d'une amende.

Quand il y a récidive, le tribunal peut prononcer, en sus de l'amende, une peine d'emprisonnement.

*Inspection.* — Le service d'inspection est fait par trois inspecteurs fédéraux qui publient des rapports non pas chaque année, mais seulement tous les deux ans.

Voilà, en quelques mots, l'économie de la loi fédérale du 23 mars 1877. Un postulat a été formulé en 1889 et mentionné dans l'arrêté fédéral du 24 juin 1889. Il visait à porter remède aux inégalités qui se présentent dans l'application de la loi fédérale sur le travail dans les fabriques et à étendre à un plus grand nombre d'ouvriers le régime protecteur de cette loi.

### § 2. — Lois cantonales.

En dehors des lois fédérales, il existe, en Suisse, des lois cantonales réglementant le travail des enfants et des femmes. Signalons-en quelques-unes.

Une loi du canton de Saint-Gall dispose que les jeunes gens au-dessous de dix-huit ans ne peuvent pas être employés après neuf heures du soir dans les établissements publics où l'on sert à boire et à manger. C'est par conséquent l'interdiction du travail de nuit étendue à ces établissements pour les enfants âgés de moins de dix-huit ans.

Une autre loi du même canton, loi du 1er octobre 1893,

sur la protection des ouvrières, employées et domestiques femmes de magasin ou d'auberge, a été votée pour compléter la loi fédérale sur les fabriques relativement aux cas que cette loi ne vise pas (1).

Une loi du canton de Berne s'applique à toutes les catégories du travail des femmes et dispose que le travail ne pourra se prolonger au delà de dix heures du soir (2).

Enfin une loi du canton de Fribourg, votée le 28 septembre 1888, est relative aux auberges. L'article 28 de cette loi est particulièrement intéressant. On y lit : « Il est interdit à tout chef d'établissement d'exiger de son personnel un service nuisible à la santé : il ne peut employer à la desservance des jeunes filles n'ayant pas atteint l'âge de dix-huit ans accomplis, à moins qu'elles ne fassent partie de sa famille. Tout le personnel de service a droit à sept heures de sommeil consécutif sur vingt-quatre heures. Il lui est en outre accordé sept heures au moins de congé par semaine, dont nécessairement deux heures le dimanche matin. »

On peut discuter sur la nécessité d'une telle législation, mais on ne saurait nier qu'elle ne soit imprégnée d'un véritable esprit chrétien.

(1) *Annuaire législ. étrang.*, 1894, p. 557.
(2) Journal *La Corporation*, 26 janvier 1895.

## SECTION XIV. — États-Unis.

Pendant la première partie de ce siècle, les Etats-Unis d'Amérique sont restés une nation surtout agricole. Mais les manufactures ont pris rapidement un développement très grand qui a été favorisé par la création de nombreux chemins de fer. Ainsi que le faisait remarquer M. Claudio Jannet dans son livre sur *les Etats-Unis contemporains*, il s'est constitué à New-York un grand marché financier et les Etats-Unis sont devenus une puissance manufacturière de premier ordre.

Toutefois, comme la vieille Europe, les Etats-Unis de la jeune Amérique ont souffert, au point de vue social, des rapides progrès de l'industrialisme et là-bas, comme ici, la femme et l'enfant ont été promptement les victimes de la manufacture et de la machine. « Malgré ce que disent les écrivains américains, écrivait M. Claudio Jannet, de la haute situation faite aux femmes dans leur pays, la condition des ouvrières, dans les grandes villes et dans les districts manufacturiers de l'Est, est une des plaies les plus douloureuses de leur Etat social.

« Cette partie des Etats-Unis a été presque autant que l'Angleterre affectée par la révolution économique causée par l'introduction des machines à filer et à tisser. Une partie considérable de travail qui s'accomplissait autrefois dans l'intérieur de la famille par les femmes s'exécute aujourd'hui dans la manufacture » (1).

---

(1) Claudio Jannet, *Les Etats-Unis contemporains*, p. 316.

Aussi les Etats qui composent l'Union se sont-ils efforcés de porter remède à cette douloureuse situation, en édictant des lois nombreuses sur les conditions du travail dans les manufactures.

### § 1er. — Etat de New-York.

Dans l'État de New-York une loi sur le travail des femmes et des enfants dans les manufactures fut promulguée le 18 mai 1886 (1). Mais elle fut modifiée par une autre loi votée le 25 mai 1887 (2).

Cette loi de 1887 interdit le travail industriel aux enfants âgés de moins de treize ans.

Tout chef d'industrie qui occupe des enfants au-dessous de seize ans doit tenir un registre portant les nom, âge, lieu de naissance des enfants et résidence des parents.

La loi précise les précautions à prendre pour éviter les accidents. Les accidents doivent être signalés dans les 48 heures à l'inspecteur.

Les infractions à la loi sont punies d'une amende ou d'un emprisonnement.

Une nouvelle loi du 22 mars 1893 (3) prescrit un repos d'au moins une heure pour le repas de midi et un repos de vingt minutes pour le lunch, si le travail se prolonge

(1) Voir : *Annuaire de législ. étrang.*, 1887, p. 807.
(2) *Id.*, 1888, p. 882.
(3) *Annuaire de législ. étrang.*, 1894, p. 786.

plus d'une heure après six heures du soir. Elle s'occupe en outre des ouvriers en chambre et interdit d'employer dans ces ateliers d'autres personnes que celles appartenant directement à la famille. Toutefois l'inspecteur des manufactures peut délivrer une permission écrite autorisant l'emploi de personnes étrangères à la famille. En cas de contravention à cette disposition, l'inspecteur a le devoir d'apposer sur les marchandises une étiquette portant ces mots : *fabriqué en chambre*.

Dans ce même Etat de New-York une loi de 1892 défend d'engager des femmes comme servantes dans les bars où l'on prépare ou sert des boissons fermentées, mais elle laisse en dehors de son application les restaurants et les hôtels (1).

### § 2. —Etat de la Louisiane.

Dans l'Etat de la Louisiane, une loi du 1er juillet 1886 interdit d'employer, soit dans les manufactures, soit dans les magasins où l'on travaille en vue des manufactures, les garçons au-dessous de douze ans et les filles au-dessous de quatorze ans.

Les garçons âgés de moins de dix-huit ans et les femmes ne peuvent être employés pendant une durée de plus de dix heures par jour, soit soixante heures par semaine.

Une heure de repos doit être accordée pour le repas de midi.

(1) *Ann. législ. étrang.*, 1893, p. 922.

Et la loi contient cette autre disposition que nous retrouvons dans une loi de l'État de Pensylvanie et que les législateurs européens devraient insérer dans leurs lois : quiconque emploie des femmes dans un atelier ou dans un magasin est tenu de mettre à leur disposition des sièges et leur permettre de s'en servir toutes les fois que les nécessités du service ne s'y opposent pas.

Quant aux pénalités édictées par la loi, elles sont l'amende et l'emprisonnement.

Le service d'inspection est confié aux agents de la police dans les grandes villes et au maire dans les petites villes (1).

Une loi plus récente, celle du 15 juillet 1892, défend d'employer les enfants de moins de douze ans aux machines mues par la vapeur, par l'eau ou par toute autre force mécanique sous peine pour le patron et les surveillants d'une amende et d'un emprisonnement.

### § 3. — État de Pensylvanie.

Dans l'État de Pensylvanie, une loi du 22 mars 1887 est relative à la protection de la santé des femmes employées dans les manufactures, usines et magasins. Les patrons sont tenus de mettre à la disposition des femmes employées des sièges convenables, afin qu'elles puissent s'asseoir chaque fois que les besoins de leur

(1) *Ann. législ. étrang.*, 1886, p. 786.

emploi ne les en empêchent pas. Si les patrons ne se conforment pas à cette disposition, ils sont traduits devant le juge de paix et punis d'une amende.

Une autre loi du 3 juin 1893 sur le travail des femmes et des enfants (1), défend d'employer aucun enfant mineur, dans un établissement industriel ou *commercial*, plus de douze heures par jour et de soixante heures par semaine. Aucun enfant de moins de treize ans ne peut être employé dans l'un de ces établissements.

Cependant les dispositions de la loi ne s'appliquent pas aux maisons ou sociétés qui emploient moins de cinq personnes.

La loi s'occupe du registre que le patron est tenu d'avoir, à la nomination d'un inspecteur, à la poursuite des infractions, aux mesures de sécurité et d'hygiène, à la durée du repos de midi.

### § 4. — Etat de Californie.

Nous mentionnerons simplement, en terminant ce chapitre, une loi de l'Éta de Cialifornie qui a réglementé le travail des boulangeries. Elle a jugé que le travail nocturne si pénible pour les ouvriers de la boulangerie et si funeste pour leur santé n'est pas indispensable et elle a décidé que les cuissons de pain seraient préparées dans la soirée et s'exécuteraient le lendemain de très bon matin.

(1) *Ann. législ. étrang.*, 1894, p. 806.

## CONCLUSION

Nous sommes arrivé au terme de notre étude sur
la législation des femmes et des enfants. La loi du
2 novembre 1892 est excellente dans son principe. Nous
ne prétendons pas que son application ne soit pas délicate ; mais nous pensons que le meilleur moyen de
rendre la loi efficace est d'en maintenir fermement les
dispositions essentielles, en attendant que le législateur
comble les lacunes et fasse disparaître les défectuosités.

Aujourd'hui déjà on peut constater les conséquences
des défauts de la loi.

Nous avons indiqué quelles puissantes raisons mili-
taient en faveur de la fixation au dimanche du jour de
repos hebdomadaire. Ces raisons, le législateur de 1892
n'a pas voulu les comprendre et à toutes les objections
il s'est contenté de répondre : en fait, le dimanche sera
toujours choisi.

Eh bien, le démenti n'a pas tardé. En fait, le jour
choisi n'est pas toujours le dimanche. Ecoutez ce qu'é-
crivait à ce sujet, l'année dernière, dans son ouvrage
sur *Le contrat de travail*, M. Hubert-Valleroux : « La
loi ne fonctionne que depuis deux ans et nous n'avons

encore que le rapport des inspecteurs pour une année (1893). Or on y voit que dans la cinquième circonscription (Lille) « un certain nombre de maisons juives ont fixé au samedi le jour du repos hebdomadaire ». Par maisons juives il faut entendre maisons dirigées par des juifs, mais occupant des chrétiens, car on sait qu'il y a peu d'Israélites parmi les ouvriers des fabriques. Si ces maisons chôment le samedi (la loi ne parle que des enfants, mais leur absence entraîne au moins dans beaucoup de cas l'arrêt de tous les métiers), elles travaillent évidemment le dimanche, et voilà le repos dominical supprimé . . . . . . . . . . . . . . . . . . . . . . .

« Le fait cité d'abord n'est pas le seul. Dans la seizième circonscription (Marseille), quelques ateliers ont pris pour jour de repos le lundi ; ailleurs on a réparti le personnel protégé (enfants et femmes) en sept équipes et on a établi entre elles un roulement pour qu'elles se reposent un jour sur sept et chaque semaine un jour différent : quant aux hommes, ils ne se reposent sans doute pas, voilà comment le dimanche est toujours choisi (1) ».

La question du repos du dimanche est aujourd'hui résolue par la presque unanimité des législations. Le législateur français de 1892 a commis une faute. Il n'y a pas de vraie protection du foyer ouvrier là où n'existe pas le repos du dimanche.

Un autre défaut de la loi réside dans les abus d'autorisation des veillées. La loi de 1892, par les tempéra-

(1) Hubert-Valleroux, *Le Contrat de travail*, p. 167.

ments que les règlements d'administration publique lui ont apportés est loin d'avoir réussi à faire disparaître la plaie sociale de la veillée. Elle interdit, en principe, la veillée ; mais la veillée est tolérée dans une si large mesure que le principe est presque inappliqué.

Au demeurant, nous reconnaissons volontiers que les mœurs peuvent être ici plus puissantes que la loi. « *Le sort de la femme qui travaille*, dit M. Charles Benoist (1), *est dans les mains de celle qui fait travailler*. C'est par en haut qu'il faut commencer la réforme. La veillée est un très grand mal, et en elle-même, et par ses suites presque fatales. Que les femmes qui font travailler n'attendent pas pour faire leurs commandes à la dernière minute : elles ne prolongeront pas de plusieurs heures la journée déjà si pesante de l'ouvrière. Vous cherchez, mesdames, une bonne œuvre à faire. Voici la plus urgente de toutes. Faites aux ouvrières le sacrifice d'un caprice : vous leur ferez l'aumône de la santé. Tuez ce qui les tue : la veillée. Pour le chômage qui en est la contrepartie, peut-être sera-t-il un peu atteint, en même temps : l'ouvrage restant le même, se répartira mieux ».

En résumé, et pour conclure, nous pensons que la loi du 2 novembre 1892 qui a abaissé la journée de travail des femmes à onze heures, la journée de travail des enfants à dix heures, supprimé, tout au moins en principe, le travail de nuit pour les femmes et les enfants, élevé à

(1) *Les ouvrières de l'aiguille à Paris*, p. 138.

treize ans la limite d'âge des enfants pour leur admission au travail industriel et proclamé le principe du repos hebdomadaire est une loi de progrès social, de protection nécessaire et de sage réforme.

Il aurait pu dépendre du législateur de 1892 que cette réforme fût moins imparfaite. Il est permis toutefois d'espérer que les mœurs viendront en aide à la loi et rendront ainsi plus facile et plus lumineuse la tâche du législateur de demain.

Vu :

Le Professeur, Président de la thèse,

CAREL.

Vu :

Le Doyen de la Faculté,

Edmond VILLEY.

Vu et permis d'imprimer :

*Le Recteur de l'Académie de Caen,*

F. ZÉVORT.

# TABLE DES MATIÈRES